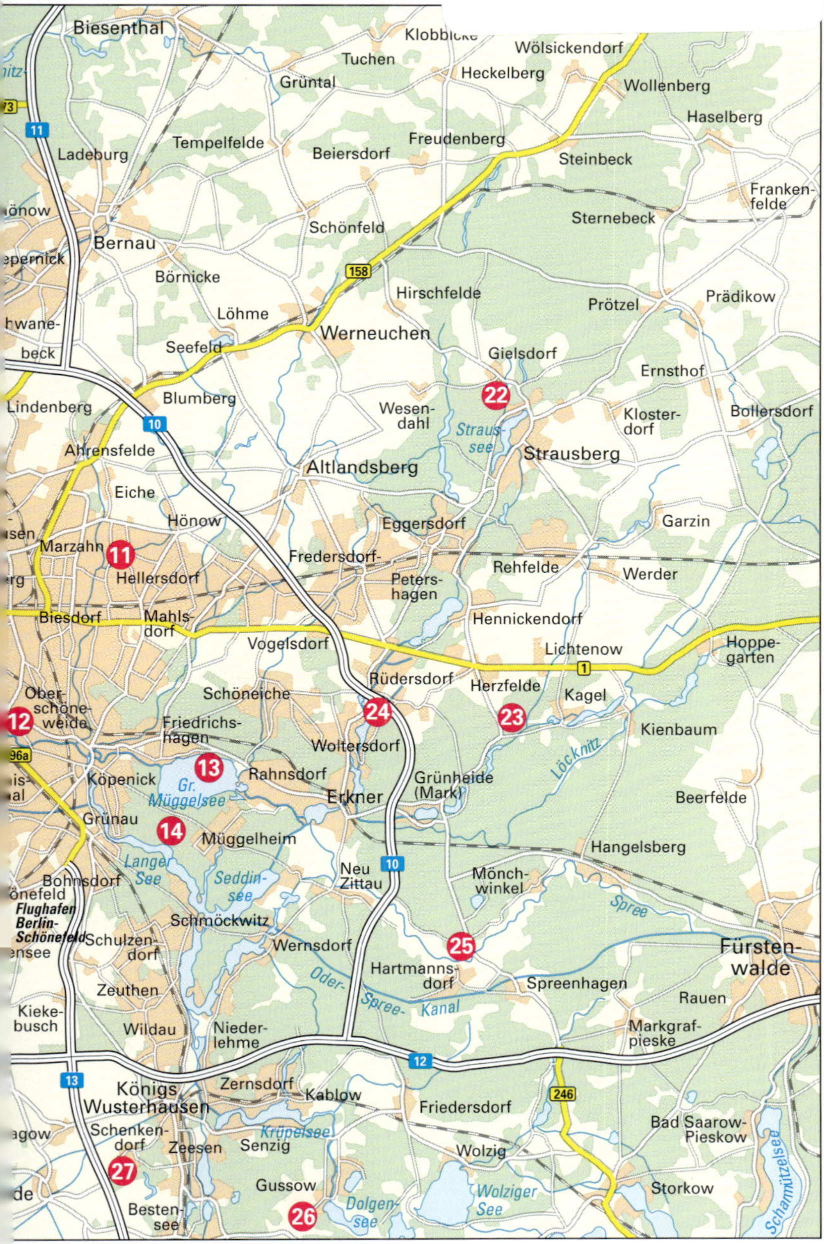
Biesenthal
Klobbicke
Wölsickendorf
Tuchen
Grüntal
Heckelberg
Wollenberg
Haselberg
11
Ladeburg
Tempelfelde
Beiersdorf
Freudenberg
Steinbeck
Franken-
felde
Sternebeck
Schönfeld
Bernau
158
Börnicke
Hirschfelde
Prädikow
Prötzel
Löhme
Werneuchen
Seefeld
beck
Gielsdorf
Ernsthof
22
Blumberg
Lindenberg
10
Wesen-
dahl
Straus-
see
Kloster-
dorf
Bollersdorf
Strausberg
Ahrensfelde
Altlandsberg
Eiche
Hönow
Eggersdorf
Garzin
Marzahn
11
Fredersdorf-
Hellersdorf
Peters-
hagen
Rehfelde
Werder
Biesdorf
Mahls-
dorf
Hennickendorf
Vogelsdorf
Lichtenow
Hoppe-
garten
1
Rüdersdorf
Herzfelde
Ober-
schöne-
weide
12
Schöneiche
Kagel
24
23
Friedrichs-
hagen
Kienbaum
Woltersdorf
Löcknitz
13
Köpenick
Rahnsdorf
Gr.
Müggelsee
Grünheide
(Mark)
Erkner
Beerfelde
Grünau
14
Müggelheim
Hangelsberg
Langer
See
Neu
Zittau
10
Mönch-
winkel
Bohnsdorf
Seddin-
see
Spree
Flughafen
Berlin-
Schönefeld
Schmöckwitz
Schulzen-
dorf
Wernsdorf
25
Fürsten-
walde
Hartmanns-
dorf
Oder-
Spree-
Kanal
Spreenhagen
Zeuthen
Rauen
Kieke-
busch
Wildau
Nieder-
lehme
Markgraf-
pieske
12
13
Königs
Wusterhausen
Zernsdorf
Kablow
246
Friedersdorf
Bad Saarow-
Pieskow
Schenken-
dorf
Zeesen
Senzig
Krüpelsee
Wolzig
Scharmützelsee
27
Gussow
Wolziger
See
Storkow
Besten-
see
26
Dolgen-
see

Die Autoren:

Der Journalist und „Alt-Berliner" **Stefan Jacobs** arbeitet vorwiegend für die Lokalredaktion des „Tagesspiegel" und verfasst Reiseberichte für verschiedene Fahrradzeitschriften.

Der „Neu-Berliner" **Peter Schätzl** ist als Ingenieur in einem mittelständischen Unternehmen tätig. In der Freizeit teilen beide die Leidenschaft fürs Radeln – in Form von Tagesausflügen in und um Berlin, Wochenend- und Ferntouren.

Trotz größter Sorgfalt bei Recherche und Zusammenstellung der Touren in diesem Buch können die Autoren und der Verlag für die Angaben keine Gewähr übernehmen.

Auf jedem Fall freuen wir uns über Korrekturen, Anregungen und Verbesserungen zu diesem Freizeitführer. Bitte senden Sie diese an: STÖPPEL FreizeitMedien GmbH, Mandichostr. 18, 86504 Merching.

Bildnachweis:

Alle Bilder von Stefan Jacobs mit Ausnahme von S. 55 und S. 126 Peter Schätzl und oberes Umschlagfoto von Austrophoto/f1 online

Bibliografische Information der Deutschen Bibliothek
Die Deutsche Bibliothek verzeichnet diese Publikation in der Deutschen Nationalbibliografie, detaillierte bibliografische Daten sind im Internet unter http://ddb.de abrufbar.

www.stoeppel.de

Redaktion, Layout und Herstellung:
Der Buch*macher*, Arthur Lenner, München
Karten: Computerkartographie Carrle, München
Umschlaggestaltung: Uhlig/www.coverdesign.net
Druck: EOS, St. Ottilien
Printed in Germany

ISBN 3-89987-401-3

Inhalt

Die Touren

Einführung

Eine von Wald und Wasser umgebene 3,4-Millionen-Metropole, in der jeder zweite Haushalt ohne Auto funktioniert? In der es zweieinhalb Millionen Fahrräder gibt, die obendrein jederzeit in einem dichten Netz von S- und U-Bahnen mitgenommen werden dürfen? Eine Stadt, in der die höchsten Berge ihre Umgebung kaum um 100 Meter überragen und in der es seltener regnet als irgendwo sonst in Deutschland? Willkommen im Radelparadies Berlin!

Dabei gilt Berlin nicht gerade als Hauptstadt der Radler. Doch nachdem sich der Fahrradverkehr hier seit 1990 verdreifacht hat, wurde es höchste Zeit, ein Berliner Stadtradelbuch zu schreiben. Als echter Berliner vergisst man ja leicht, wie gut man es hat und neigt stattdessen zum Meckern. Man schimpft über rücksichtslose Autofahrer und verträumte Fußgänger, über zugeparkte Radwege in der City und fehlende Fahrradstreifen an den Ausfallstraßen.

Dieser Radtourenführer soll – im Wortsinne – Auswege zeigen. Im ersten Teil des Buches haben wir Routen zusammengestellt, auf denen sich die vielleicht abwechslungsreichste Stadt Europas möglichst entspannt erleben lässt: Wir führen Sie autofrei am Kanzlergarten entlang, geleiten Sie auf ruhigen Wegen zur wunderschönen Moschee am Columbiadamm, machen Sie mit einem Flusstal inmitten der angeblich hässlichen Plattenbaubezirke des Nordostens bekannt und, und, und. Die Tourenvorschläge sind so vielseitig wie Berlin. Sie erheben keinen Anspruch auf Vollständigkeit, sondern konzentrieren sich auf besonders interessante und gleichzeitig angenehm zu erradelnde Gegenden. So taucht mancher Kiez im Buch nicht auf, weil wir Ihnen die Holperstraßen oder den Autoverkehr dort nicht zumuten wollen. Durch den aufgepeppten Prenzlauer Berg oder den neuen Kneipen-Kiez Friedrichshain beispielsweise lässt es sich besser zu Fuß flanieren. Dafür eignen sich die großen Waldgebiete im Süden der Stadt so gut zum Radeln, dass wir Ihnen dort gleich mehrere abwechslungsreiche Touren empfehlen. Und wie Sie auf ruhigen Wegen aus der Innenstadt dorthin kommen, zeigen wir Ihnen auch.

Die Strecken sind zwar möglichst präzise beschriebe, aber in Berlin leistet ein Stadtplan gute Dienste. Viele Touren lassen sich miteinander kombinieren (siehe Karte vorn im Buch): Wo eine Route endet, be-

Touren-Symbole

- Streckenlänge, Dauer der Tour
- Startpunkt, Ausgangsort
- Zielbahnhof bzw. -ort
- Streckeninformation, Wegbeschaffenheit
- Einkehrmöglichkeiten
- Badegelegenheit
- Surf-Tipp
- Extra-Tipp, besondere Empfehlung

Kartenlegende

★ Sehenswürdigkeit	Aussichtsturm
Kirche	Museum
Schloß	Bahnhof
Ruine	S-Bahn

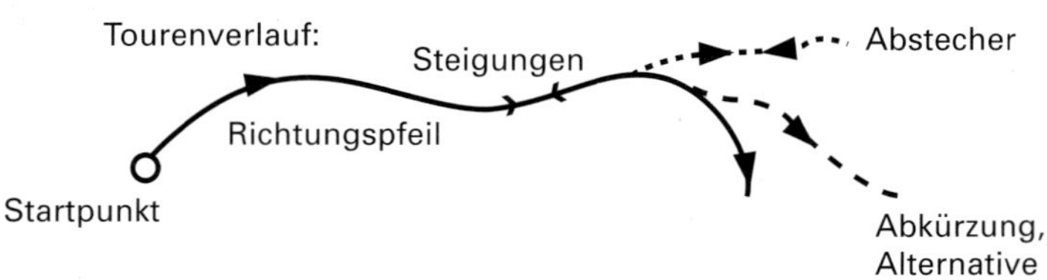

ginnt oft schon die nächste, so dass man je nach Lust und Kondition gleich weiterfahren kann. Fast alle Touren sind auch für Ungeübte problemlos zu fahren. Wo wir uns zwischen starkem Autoverkehr und bescheidenem Fahrbahnbelag entscheiden mussten, haben wir meist die ruhigeren Wege vorgezogen – Sicherheit geht vor Tempo.

Natürlich ist es Geschmacksache, was eine Radtour attraktiv macht. Den einen berauscht die neue, glitzernde Mitte. Großstadtindianer, die sich vom unvermeidlichen Autoverkehr dort nicht stören lassen, werden in diesem Buch ebenso fündig wie Genussradler, die lieber den Reihern beim Fischen oder den Störchen beim Schnäbeln zuschauen. Wer es ruhiger mag, dem sei besonders der zweite Teil dieses Buches ans Herz gelegt. Man muss nicht weit aus Berlin herausfahren, um ländliche Bilderbuch-Idylle zu finden. Meist reicht es, die S-Bahn bis zur Endstation zu nehmen und sich auf den Sattel zu schwingen. Alle Start- und Zielpunkte der beschriebenen Touren sind bequem per Bahn erreichbar. Und die Zeiten, in denen man im dünn besiedelten Brandenburg als Radler zu verhungern drohte, sind längst vorbei: Wirtshäuser und Biergärten gibt's mittlerweile fast in jedem Dorf. Die schönsten haben wir für Sie zu Beginn jedes Kapitels versammelt, damit Sie sie auf einen Blick finden. Auch wer mehr als nur die Kehle erfrischen will, wird im Info-Teil fündig: Zu fast jeder Tour gehört mindestens eine Badestelle, die wir guten Gewissens empfehlen können.

Am liebsten will man ja oft alles gleichzeitig haben: Wälder, Wasser, Weltkulturerbe. Kein Problem – in Potsdam sind es stets nur wenige Radelminuten von den prächtigen Residenzen der Preußenkönige bis zu den Parks, die in Europa ihresgleichen suchen. Und ringsherum ist Wasser. Während man sich in den 90er Jahren wunderte, warum man all die Schätze nie wahrgenommen hatte, ist Berlins schöne Schwester längst Pflichtprogramm für Touristen aus aller Welt geworden. Doch während andere mühsam anreisen müssen, kann man sich als Berliner einfach von der S-Bahn hinfahren lassen. Oder, noch besser: Man radelt einfach von Berlin aus durch den Wald. Das ist so schön, dass wir Ihnen gleich mehrere Touren nach und durch Potsdam zusammengestellt haben.

Viel Freude beim Radeln und allzeit gute Fahrt!

Stefan Jacobs/Peter Schätzl

Tipps zum Radeln in Berlin

Abgesehen von den etwas raueren Sitten auf den Straßen radelt es sich zwar in der Hauptstadt ähnlich wie anderswo, aber einige Besonderheiten sollte man kennen.

Es war und ist eine Berliner Spezialität, Radwege hinter Hecken oder geparkten Autos auf dem Gehweg zu verstecken. Die meisten schweren Unfälle passieren, weil Auto- oder gar Lkw-Fahrer beim Rechtsabbiegen einen Radler übersehen (bzw. vergessen). Deshalb: Niemals einer grünen Radler-Ampel trauen, sondern immer einplanen, dass einem Autofahrer den Weg abschneiden! Möglichst vorher Blickkontakt suchen! Bei größeren Fahrzeugen im Zweifelsfall schon mehrere Meter vor der Querstraße stoppen, um nicht vom Anhänger erfasst zu werden.

Seit 1998 müssen nur noch beschilderte Radwege benutzt werden. Diese müssen bestimmte Mindestanforderungen erfüllen (z. B. 1,50 Meter breit sein). Nachdem der Senat damals kurzerhand auch ungeeignete Radwege ausgeschildert hatte, zogen Radler vor Gericht – und gewannen, so dass viele Schilder wieder abgebaut werden mussten. Dort darf also auch auf der Straße gefahren werden. Nur leider wissen das viele Autofahrer noch immer nicht und reagieren entsprechend aggressiv.

Ein Radweg darf nur dann in beiden Richtungen benutzt werden, wenn er entsprechend ausgeschildert ist. „Geisterradler" verursachen häufig schwere Unfälle.

In „verkehrsberuhigten Bereichen" (Spielstraßen) dürfen auch Radler nur Schritttempo fahren. Außerdem haben sie gegenüber Fußgängern oder spielenden Kindern auch auf der Fahrbahn keine Vorfahrt. Wenn hier etwas passiert, bekommt im Zweifelsfall immer der Auto- oder Radfahrer die Schuld.

Vor allem West-Berliner tun sich noch immer schwer mit Straßenbahnen, weil es dort über 30 Jahre lang keine Tram gab. Deshalb: Nie im zu spitzen Winkel über die Gleise fahren und keinesfalls ausprobieren, wer an der Ampel schneller wegkommt. Denn Straßenbahnen beschleunigen gut und bremsen schlecht. Außerdem beim Kreuzen damit rechnen, dass hinter einer Bahn plötzlich der Gegenzug auftaucht!

Alles klar? Dann kann die Tour ja beginnen!

An vielen öffentlichen Gebäuden, jüdischen Einrichtungen und vor manchen Botschaften dürfen keine Fahrräder angeschlossen werden. Vor allem bei Taschen oder Päckchen jeglicher Art ist die Polizei gnadenlos: Was verdächtig aussieht, wird vom Spezialroboter zerstört. Dazu gibt's eine saftige Rechnung.

Fahrradmitnahme in der Bahn

Offiziell dürfen Fahrräder nur in den gekennzeichneten Abteilen der Züge mitgenommen werden. Dass es praktisch oft sinnvoller ist, das Rad an eine dem Bahnsteig abgewandte Tür zu lehnen, statt drei Sitzplätze damit zu blockieren, ist eine andere Sache. Seit 2002 dürfen auch in der U-Bahn ganztägig Räder transportiert werden, aber gerade in den schmalen Wagen der Linien 1 und 2 wird es oft eng. Auch in der Straßenbahn dürfen neuerdings Räder mitfahren, was im Berufsverkehr allerdings ebenfalls nicht immer ein Vergnügen ist. In Bussen, also auch im Schienenersatzverkehr (SEV), ist die Fahrradmitnahme tabu. SEV richtet die S-Bahn gern an Wochenenden auf den Außenstrecken ein, wenn gebaut wird. Deshalb empfiehlt es sich, in den Tagen vor einer geplanten Tour die Aushänge auf den Bahnhöfen zu studieren oder ins Internet zu schauen (www.s-bahn-berlin.de. Wer sein Fahrrad über größere Strecken (etwa vom Ostbahnhof nach Potsdam) mitnehmen will, reist in den roten

Doppelstockwagen der Regional-Express-Züge am schnellsten und am bequemsten. Fürs Fahrrad muss man einen zusätzlichen Fahrschein lösen, sofern man keine Monats- oder Jahreskarte hat, die zur Fahrradmitnahme berechtigt.

Adressen

Fahrradverleih Berlin:
Die „fahrradstation" hat den Vorteil mehrerer Filialen:
Hackesche Höfe (Mo–Fr 10.00 bis 19.00 Uhr, Sa 10.00 bis 16.00 Uhr), Telefon: (030) 28 38 48 48
Bergmannstraße (Mo–Fr 10.00 bis 19.00 Uhr, Sa 10.00 bis 15.00 Uhr), Telefon: (030) 2 15 15 66
Bahnhof Friedrichstraße (Mo–Fr 8.00 bis 20.00 Uhr, Sa–So 10.00 bis 16.00 Uhr), Telefon: (030) 20 45 45 00
Auguststraße (Mo–Fr 10.00 bis 19.00 Uhr, Sa 10.00 bis 15.00 Uhr), Telefon: (030) 2 85 99 66
Aktuelles findet sich im Internet unter: www.fahrradstation.de

Ebenfalls praktisch ist das von der Bahn betriebene Ausleihsystem „Call a bike", weil man an keine Öffnungszeiten gebunden ist und das Rad nicht zum Ausgangspunkt zurückbringen muss, sondern es an Straßenkreuzungen innerhalb des S-Bahn-Ringes ausleiht und abstellt. Gebucht wird über einen Anruf per Handy und die Kreditkarte. Das Schloss wird elektronisch freigeschaltet.
Telefon: (0700) 05 22 55 22, Internet: www.callabike.de

Fahrradverleih Potsdam:
„City Rad" am Hauptbahnhof (Mai bis September, Mo–Fr 9.00 bis 19.00 Uhr, Sa–So 9.00 bis 20.00 Uhr), Telefon: (0331) 61 90 52

ADFC Berlin:
Brunnenstraße 28, 10119 Berlin-Mitte (Geschäftsstelle, Buchhandlung, Info-Laden, Selbsthilfewerkstatt, Reiseradler-Treff). Öffnungszeiten: Mo–Fr 12 bis 20 Uhr, Sa 10 bis 16 Uhr, Telefon: (030) 4 48 47 24, Internet: www.adfc-berlin.de, E-Mail: kontakt@adfc-berlin.de

ADFC Potsdam:
Charlottenstraße 31, 14467 Potsdam, Telefon: (0331) 2 80 05 95, Internet: www.adfc.de/brb, E-Mail: brandenburg@adfc.de

1

Eine Runde vom Kanzleramt zu den Bundesministerien

STAATSBESUCH

In Berlin spielt die Musik. Dabei arbeiten viele Bundesbedienstete weiter in der alten Hauptstadt Bonn. Auf dieser Tour zeigt sich, was sie verpassen.

Toureninfos *Karte S. 14*

km 19 km

START Hauptbahnhof – Lehrter Bahnhof

ZIEL Hauptbahnhof – Lehrter Bahnhof

Unterschiedlich stark befahrene Straßen und Parkwege.

Es gibt einen Biergarten direkt hinter dem Kanzleramt, am Südufer der Spree. Ansonsten beliebige Auswahl in der City.

@ www.bundeskanzler.de, www.bundesregierung.de

An ein, zwei Wochenenden im Jahr werden Kanzleramt und einige Ministerien fürs Volk geöffnet. Die Termine stehen vorher in den Zeitungen. Einziger Nachteil: Meist gibt es Gedränge.

Der Arbeitsplatz des Chefs ist schon vom neuen Hauptbahnhof aus nicht zu übersehen: das von Axel Schultes entworfene und 2001 von Gerhard Schröder bezogene **Bundeskanzleramt**, gleich hinter der **Moltkebrücke** am anderen Spreeufer. Klar, dass wir hier vorbeischauen müssen, zumal in den zum „Band des Bundes" aufgereihten Neubauten gegenüber (Paul-Löbe-Haus und Marie-Elisabeth-Lü-

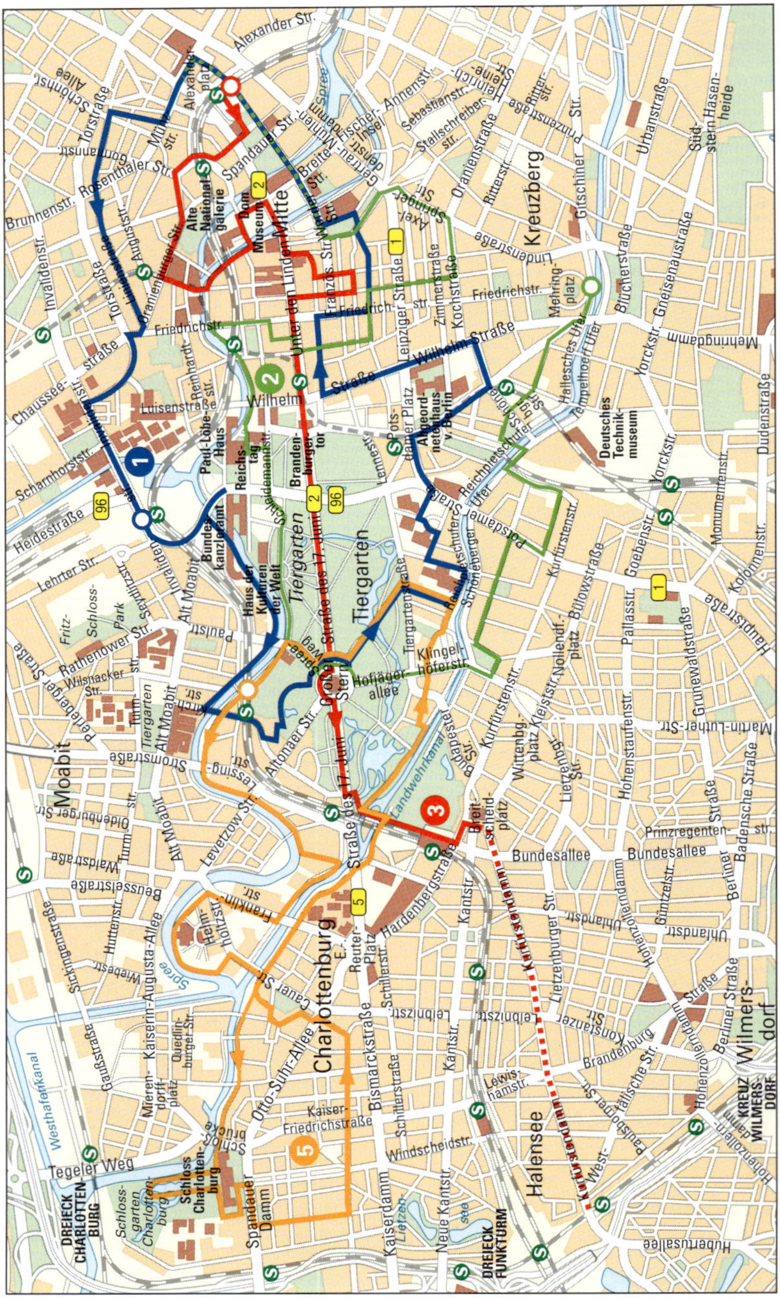
Mitte
Kreuzberg
Tiergarten
Moabit
Charlottenburg
Halensee
Wilmersdorf
Alexanderplatz
Alexander Str.
Alte Nationalgalerie
Dom
Museum
Unter den Linden
Friedrichstr.
Leipziger Straße
Wilhelmstraße
Reichstag
Brandenburger Tor
Paul-Löbe-Haus
Bundeskanzleramt
Haus der Kulturen der Welt
Straße des 17. Juni
Großer Stern
Hofjägerallee
Potsdamer Platz
Abgeordnetenhaus v. Berlin
Deutsches Technikmuseum
Mehringplatz
Landwehrkanal
Breitscheidplatz
Kurfürstendamm
Kantstr.
Bismarckstraße
Kaiserdamm
Otto-Suhr-Allee
Spandauer Damm
Schloss Charlottenburg
Schlossgarten Charlottenburg
Tegeler Weg
Westhafenkanal
Spree
Invalidenstr.
Torstraße
Oranienburger Str.
Bundesallee
Hohenzollerndamm
Yorckstr.
Gneisenaustraße
Mehringdamm
DREIECK CHARLOTTENBURG
DREIECK FUNKTURM
KREUZ WILMERSDORF
1
2
3
5

ders-Haus) viele Bundestagsabgeordnete ihre Büros haben. Auch Teile der Bundestagsverwaltung und die Bibliothek sind dort, gleich neben dem Reichstag, untergebracht.

Unser anschließender Weg vom Kanzleramt führt zurück zur Moltkebrücke und von dort am nördlichen Spreeufer entlang – und zwar unten am Wasser. So radeln wir mitten durch den **Kanzlergarten**, dessen beide Teile durch eine eigene Brücke miteinander verbunden sind. Von der Seite nimmt man erst die wahren Dimensionen des Kanzleramtes wahr, das vielen Kritikern zu groß geraten ist. Den Ärger bekam Schröders rot-grüne Regierung ab, obwohl die Pläne schon unter CDU-Kanzler Helmut Kohl abgesegnet wurden.

Am **Schloss Bellevue** kreuzt der Uferweg die Paulstraße. Hinter der Bahnbrücke trifft er aufs Helgoländer Ufer, das zur Kirchstraße führt. Dahinter endet der öffentliche Weg – am **Innenministerium**. Der U-förmige Neubau auf dem Gelände der einstigen Meierei Bolle lässt sich am besten von der Moabiter Brücke aus betrachten. Sie liegt ohnehin am Weg, denn wir fahren nun nach Süden, auf der **Bartningallee** entlang. Erst etwa 500 Meter hinter der Bahn biegen wir links in die „richtige" Einfahrt (Einbahnstraße!) des **Hanseatenweges** ein und gleich darauf halb rechts in den Parkweg. Er führt durch den **Englischen Garten**, sozusagen das Erste-Klasse-Abteil des Tiergartens. Hier empfiehlt sich das **Teehaus** als ruhiger Rastplatz. Der Zaun des Bundespräsidialamtes auf der linken Wegseite weist uns den Weg fast bis zum **Großen Stern**.

Dort angekommen, fahren wir entgegen dem Uhrzeigersinn um die Siegessäule: über den Spreeweg, über die Straße des 17. Juni, und einige Meter dahinter (!) nach links **durch die Lücke in der Parkmauer**. Der Weg führt schnurgerade durchs Grün bis zur **Tiergartenstraße**. Auf dieser fahren wir nur etwa 20 Meter nach rechts und dann nach links in die **Hildebrandstraße**. Zwischen neuen **Botschaftsgebäuden** entlang geht es zum **Landwehrkanal**. Hier biegen wir links ab – und fahren bereits vor dem **Verteidigungsministerium** entlang. Der Gebäudekomplex wirkt gewaltig, aber die meisten der 3400 Ministeriumsmitarbeiter sind in der alten Hauptstadt Bonn geblieben. So will es das 1994 beschlossene Bonn-Berlin-Gesetz, laut dem sechs Ministerien nur mit einer Außenstelle an die Spree ziehen sollten.

An der **Stauffenbergstraße** geht es erneut nach links. Das klotzige Gebäude wurde 1914 als Reichsmarineamt gebaut und diente den Nazis als Oberkommando des Heeres. Auf dem Hof des „Bendlerblocks" wurden die Anführer des gescheiterten Attentats auf Hitler um Stauffenberg hingerichtet. Ein Denkmal und die Gedenkstätte Deutscher Widerstand erinnern an die traurige Geschichte.

Gleich hinter der Gedenkstätte zweigt die **Sigismundstraße** nach rechts ab. An ihrem Ende geht es links zum **Potsdamer Platz**. Die teilweise dem New York der 30er Jahre nachgeahmte Architektur (vor allem von Kollhoff-Hochhaus und Beisheim-Center) mag die Geister scheiden. Aber die Entwicklung des Viertels sucht ihresgleichen: 1989 war das Gelände eine riesige, trostlose Brache, in der völlig allein das Weinhaus Huth stand. Seit 1998 tobt hier rund um die Uhr das Stadtleben.

Wir fahren zwischen den Hochhäusern durch und dahinter nach rechts in die **Stresemannstraße**. An der **Schöneberger/Anhalter Straße** biegen wir links ab – und beachten dabei **das Ministerium für wirtschaftliche Zusammenarbeit und Entwicklung** (bzw. seine kleine Berliner Außenstelle, denn 90 Prozent der Beschäftigten arbeiten weiter in Bonn) links an der Ecke. Auch die **Bundeszentrale für politische Bildung** ist in dem schon 1932 als Stahlskelettbau errichteten Gebäude untergebracht. Den Nazis diente es als Reichsarbeitsministerium, die Kriegsschäden wurden erst in den 60er Jahren repariert.

An der **Wilhelmstraße** biegen wir wieder links ab und sehen bald links das klobige, je zur Hälfte in Bonn und Berlin residierende **Finanzministerium**. Die Geschichte des Hauses ist denkbar wechselhaft: Reichsluftfahrtministerium der Nazis, dann, 1949, wurde hier die Verfassung der DDR beschlossen. Nun war es „Haus der Ministerien", und jetzt ist es Finanzministerium und Gedenkstätte für den Aufstand vom 17. Juni 1953. Gleich dahinter Richtung Potsdamer Platz steht das prächtige **Bundesratsgebäude** mit seinem akkuraten Vorgarten. Es wurde 1904 als Preußisches Landtagsgebäude errichtet – und hing mit dem heutigen Berliner Abgeordnetenhaus in der Niederkirchnerstraße funktional und architektonisch zusammen.

Weil die tosende Leipziger Straße für Radler Feindesland ist, fahren wir geradeaus auf der **Wilhelmstraße** weiter. Rechts am Ende einer Sackgasse ist das vereinigte, ebenfalls etwa zu gleichen Teilen in Berlin und Bonn untergebrachte **Wirtschafts- und Arbeitsministerium** zu sehen, das sich bis zur Mauerstraße erstreckt. Auch zu diesem Gebäude gehört eine bewegte Geschichte: 1913 für eine Bank errichtet, Teil des Nazi-Propagandaministeriums, DDR-Regierungsgebäude, dann Superministerium.

Auch das **Verbraucherschutzministerium** (von dem nur zehn Prozent des Personals in Berlin arbeiten), hinter den Plattenbauten auf derselben Seite der Wilhelmstraße, stammt schon aus Kaisers Zeiten. Eine Gedenktafel erinnert an den Bewohner Konrad Adenauer, der hier von 1931 bis 1933 lebte. Danach quartierten sich auch hier die Nazis ein.

Kurz vor der **britischen Botschaft** biegen wir rechts ab in die **Behrenstraße** und wieder rechts in die **Glinkastraße**. Vor der Taubenstraße befindet sich links das **Familienministerium**, das nach Kriegszerstörungen wiederhergestellt wurde und danach das Verkehrsministerium der DDR beherbergte.

An der **Mohrenstraße** biegen wir links ab – und sehen an der Ecke einen weiteren Teil des **Familienministeriums** sowie das **Gesundheitsressort**, die beide größtenteils in Bonn geblieben sind. Das 1906 errichtete Gebäude beherbergte erst eine Versicherung und dann die Verwaltung des DDR-Elektronik-Kombinates „robotron", das die DDR beispielsweise mit Waschmaschinen und Fernsehern (die fast halb so teuer waren wie ein Trabi) belieferte.

Der Weg führt am **Gendarmenmarkt** vorbei zum – größtenteils nach Berlin gezogenen – **Justizministerium** vor dem Hausvogteiplatz. An seinem vorgebauten Eingang hängen Auszüge aus dem Grundgesetz. In einem der einstigen Geschäftshäuser vom Anfang des 20. Jahrhunderts fand am 9. November 1989 übrigens die Pressekonferenz statt, auf der DDR-Politbürokrat Günther Schabowski – gewissermaßen versehentlich – die sofortige Reisefreiheit verkündete. Stunden später fiel unter dem Druck der ungläubig staunend angerückten Menschenmengen buchstäblich die Mauer. Die Nacht darauf wurde bekanntermaßen durchgefeiert.

Am **Hausvogteiplatz** biegen wir halb links ab auf die Grünfläche, hinter der schon das **Auswärtige Amt** (größtenteils nach Berlin gezogen) zu sehen ist. Der hintere Teil wurde 1939 als Reichsbank erbaut und war zu DDR-Zeiten die Parteizentrale der Sozialistischen Einheitspartei SED. Wir fahren vor dem neuen, 1999 eröffneten Gebäudeteil entlang am **Schlossplatz** vorbei. Im Foyer hinter dem Haupteingang gibt es ein öffentliches Café. Unser Weg führt am **Staatsratsgebäude** vorbei und geradeaus weiter vor dem **Roten Rathaus** entlang zum **Alexanderplatz**. An dessen Ende überqueren wir die (hier beginnende) Karl-Marx-Allee an der Ampel. Im einem der grauen 60er-Jahre-Hochhäuser links dahinter, am Alexanderplatz 6, residiert das **Umweltministerium** – oder zumindest der Minister, denn die meisten seiner Beamten arbeiten in Bonn.

Um von hier über die Karl-Liebknecht- in die **Memhardstraße** zu kommen, müssen wir entweder geradeaus über die riesige Kreuzung oder durch den Fußgängertunnel. Wir fahren weiter geradeaus und verlassen die **Münzstraße** an der **Max-Beer-Straße** nach rechts. An deren Ende biegen wir links ab in die **Linienstraße**, die künftig nur noch Radlern und Anwohnern vorbehalten bleibt. Am Ende der **Linienstraße** fahren wir etwa 50 Meter auf der **Friedrichstraße** nach rechts und biegen dann links ab in die **Hannoversche Straße**. Das **Bildungs- und Forschungsministerium** auf der linken Seite residiert in der einstigen „Ständigen Vertretung der BRD bei der DDR." Das passt insofern gut, als auch hier nicht einmal 200 von etwa 1000 Mitarbeitern in Berlin angekommen sind.

Die Hannoversche Straße führt genau aufs Naturkundemuseum zu, das nach langem Verfall in den nächsten Jahren aufwändig neu gestaltet wird. Nachdem wir links in die **Invalidenstraße** abgebogen sind, sehen wir das Nachbargebäude: das **Ministerium für Verkehr, Bauen und Wohnungswesen**, dessen etwas größerer Teil allerdings in Bonn geblieben ist. Auf derselben Straßenseite, direkt vor der Sandkrugbrücke, existierte bis 2002 das **Wirtschaftsministerium**, das sich nunmehr unter einem Dach mit dem Arbeitsministerium befindet. Dann kommen wir noch am Kunstmuseum **Hamburger Bahnhof** vorbei, in dem es inzwischen Kunst statt Zügen zu sehen gibt. Bald darauf kommt links schon wieder der neue **Hauptbahnhof** in Sicht, an dem die Tour endet.

2

Wo die Nachrichten herkommen

WISSEN SIE SCHON DAS NEUESTE?

In den Berliner Medienhäusern wird entschieden, was gerade wichtig ist. Ein Streifzug zu Zeitungsverlagen, Fernsehsendern und den Arbeitsplätzen der Reporter.

Toureninfos *Karte S. 14*

km 16 km

START Bahnhof Alexanderplatz

ZIEL U-Bahnhof Hallesches Tor

Unterschiedlich große Stadtstraßen. In der City ist dichter Autoverkehr unvermeidlich.

Nicht so bunt wie die Zeitungen, die hier entstehen: Das Springer-Hochhaus.

Beliebige Auswahl entlang der Strecke – in der City eher fein, in Kreuzberg eher schlicht.

@ Im Internet lassen sich nicht nur die Zeitungen und ihre Archive durchstöbern, sondern auch Telefonnummern finden, unter denen teilweise Führungen durch die Redaktionen vereinbart werden können. Für den Berliner Verlag: www.berlinonline.de; Die Springer-Zeitungen sind z. B. unter www.berliner-morgenpost.de und www.bz-berlin.de zu finden. Noch einfacher ist die Sache bei www.taz.de und www.tagesspiegel.de.

Am Alexanderplatz drängeln wir uns ausnahmsweise nicht durch den niemals endenden Menschenstrom, sondern starten gleich an der Rückseite des Kaufhauses, an der riesigen **Kreuzung Memhardstraße/Karl-Liebknecht-Straße**. Diagonal gegenüber steht das **Hochhaus des Berliner Verlages**. Hier werden mehrere Zeitungen und das Internet-Portal berlinonline.de gemacht. Wer in den Laden im Erdgeschoss will, muss durch die Unterführung oder zur nächsten Fußgängerampel. Ansonsten starten wir hinter dem Hotel Park Inn und folgen dem **Verlauf der Straßenbahngleise** über den Alex bis zur **Bahnbrücke**. Dahinter geht es geradeaus vor den Rathauspassagen entlang. Rechts von uns steht der 365 Meter hohe Fernsehturm, von dem zumindest noch die Radioprogramme ausgestrahlt werden. Sein Fuß beherbergt ein lokales Fernsehstudio. Am **Roten Rathaus** vorbei geht es zum ehemaligen **DDR-Staatsratsgebäude** links am Schlossplatz, das trotz meist verschlossener Türen einen Stopp wert ist.

Info

Im **Berliner Verlag** werden „Berliner Zeitung“ und „Berliner Kurier“ gemacht. Beide sind aus DDR-Zeitungen hervorgegangen und werden noch immer vorwiegend in den Ostbezirken gelesen. Der Kurier hieß einst „BZ am Abend“ und wurde zur typischen Feierabendzeit in der Stadt verkauft, bevor er nach der Wende zum morgens verkauften Boulevardblatt umgewandelt wurde.

Selbst wenn die Tür des **Staatsratsgebäudes** verschlossen ist, lässt sich gut das haushohe Glasmosaik hinter den Treppen erkennen. Es zeigt das blühende sozialistische Leben. Bekannt wurde es dank Medienkanzler Gerhard Schröder, der in den Monaten zwischen Regierungsumzug und Einweihung des neuen Kanzleramtes hier regierte und sich gern vor dem Werk des DDR-Großkünstlers Walter Womacka der Presse zeigte.

Kurz hinter dem **Auswärtigen Amt** biegen wir links in die **Oberwallstraße** ab. Hinter den prächtigen Fassaden von der Jägerstraße bis zum Hausvogteiplatz funkt die **Pro7-Sat1-Media AG** – mitsamt dem Nachrichtensender **N 24**. Und hinter der denkmalgeschützten Neorenaissance-Fassade am Hausvogteiplatz Nr. 12 wird seit Dezember 2003 die vorwiegend vom Zentralrat der Juden in Deutschland finanzierte Wochenzeitung „**Jüdische Allgemeine**" gemacht.

Am **Hausvogteiplatz** fahren wir **halb links in die Niederwallstraße** und an ihrem Ende am Brunnen vorbei bis zur Leipziger Straße. Diese überqueren wir und fahren geradeaus in die **Beuthstraße**, die auf den ersten Metern eher eine Passage ist. Nach gut 100 Metern geht es rechts in die **Axel-Springer-Straße**. Das Eckhaus beherbergt den **Verlag Volk und Wissen**, in dem sämtliche DDR-Schulbücher erschienen. An der Zimmerstraße kreuzen wir den mit Pflastersteinen markierten Mauerverlauf. Direkt dahinter erhebt sich das **Hochhaus des Axel-Springer-Verlages**. Dann fahren wir nach rechts in die **Kochstraße**, am Hochhaus und an der 2004 eröffneten Springer-Passage entlang.

Info

Der konservative Verleger **Axel Springer** begann schon kurz nach dem Mauerbau 1961 mit den Planungen für das Verlagshaus direkt am Grenzstreifen. Als Zeichen der Freiheit sollte es weit in den Osten zu sehen sein. Inzwischen ist auch die Firmenzentrale von Hamburg an die Spree gezogen. Mit „Berliner Morgenpost", „B.Z." und „Bild" versorgt Springer vor allem den Westteil der Stadt.

Das **Hochhaus** der Wohnungsgesellschaft GSW links vor der Charlottenstraße zeichnet sich übrigens durch ein ausgeklügeltes Heizungs- und Kühlungssystem aus, das vor allem mit Sonne und Wind funktioniert. Beim Vorbeifahren an seiner Schmalseite haben wir einen guten Blick in die mehrschichtige, von vielen Lüftungsschlitzen unterbrochene Fassade.

An der Charlottenstraße biegen wir zwar rechts ab, aber vorher werfen wir noch einen Blick nach links voraus zur Kochstraße 18/19, der Heimat der **taz**.

Info

Die links-alternative Tageszeitung **taz** kämpft praktisch seit ihrer Gründung ums Überleben, weil sie von Anzeigenkunden, also großen Unternehmen, stets gemieden wurde. Regelmäßige Solidaritätsaktionen und dünne Redakteursgehälter halten sie über Wasser. Als typische WG-Zeitung wird die taz zwar von vielen gelesen, liegt aber mit einer Auflage von gut 50 000 Stück hinter allen großen Berliner Tageszeitungen.

Der **Charlottenstraße** folgen wir bis zum **Gendarmenmarkt**. Hinter dem Konzerthaus biegen wir **links in die Taubenstraße** ab. Der pompöse Altbau links vor ihrem Ende beherbergt den privaten Nachrichten- und Börsensender **n-tv**, der nach Muster des amerikanischen CNN entstanden ist und mit dem großen Vorbild in Atlanta kooperiert. Wir biegen vor dem Gebäude **rechts in die Glinkastraße** ein und fahren geradeaus weiter bis **Unter den Linden**. Wir nehmen entweder den Mittelstreifen nach rechts oder schieben auf dem hinteren Gehweg etwa 100 Meter vom Brandenburger Tor weg. Im dritten Haus tut sich die **Zollernhof-Passage** auf – Sitz des **ZDF-Hauptstadtstudios**; die Mitarbeiter sitzen gut sichtbar in ihren Büros um den Lichthof herum. Die Passage ist für den Publikumsverkehr (wobei „Verkehr" in diesem Fall nur Fußgänger meint) geöffnet, sofern nicht gerade eine besondere Veranstaltung stattfindet. In diesem seltenen Fall müssten wir von den Linden direkt zur Friedrichstraße fahren.

Der gegenüberliegende Ausgang führt zur **Mittelstraße**. Durch die fahren wir nach rechts vor zur **Friedrichstraße**, biegen links ab, passieren den Bahnhof und fahren direkt vor der Spree wieder links ins **Reichstagufer**. Das traurige Loch in der Uferwand unter dem Berliner Ensemble gegenüber ist übrigens die alte Panke-Mündung. Die Auffahrt jenseits der Bahnbrücke, auf der linken Straßenseite, führt zum **Presse- und Informationsamt der Bundesregierung** – den Raum der **Bundespressekonferenz** mit dem kamerafreundlich mattblauen Hintergrund dürfte wohl jeder kennen, der einen Fernseher hat.

Die Bundesbauten sind nur durch die kleine Bunsenstraße **vom ARD-Hauptstadtstudio** getrennt; das Logo an der Fassade ist kaum zu übersehen. Vor dem Café „Die Eins" lässt es sich gut am Spreeufer sitzen. An der **Wilhelmstraße** fahren wir nur kurz rechts auf die Marschallbrücke, um zweierlei zu erleben: Zum einen den Blick auf das **Berliner Studio von RTL** in dem aufgemotzten Ziegelbau am anderen Ufer. Und zum anderen haben wir von der Brücke genau das Panorama von Reichstag & Co., vor das die ARD ihre Korresponden-

Wer seine Kräfte schonen will, kann jederzeit die S-Bahn nehmen.

ten in der „Tagesschau" zu dekorieren pflegt. Jetzt wissen wir, wie praktisch dieser Ort für den Sender ist.

Am nun autofreien Ufer geht es zum **Reichstag**. Hinter dem Gebäude fahren wir nach links, vor zur **Scheidemannstraße** und in diese nach rechts. Wir folgen ihrem Verlauf, vorbei am Haus der Kulturen der Welt (das der Berliner Volksmund nach uralten, aber nie belegten Gerüchten auch „Schwangere Auster" nennt). Die Straße heißt nun **John-Foster-Dulles-Allee**. Sie endet vor dem **Schloss Bellevue**. Wir fahren nach links und durch den **Spreeweg** zum **Großen Stern**. Wer die Aussicht zu Füßen der Goldelse erklimmen will: Neben der zweiten Ausfahrt führt ein Tunnel zur Siegessäule. Wir nehmen allerdings die dritte und kommen durch die **Hofjägerallee** in die **Klingelhöferstraße**. An den für ihre Architektur gepriesenen skandinavischen Botschaften vorbei geht es zur **CDU-Zentrale**, in deren Lichthof die Parteigrößen nach jeder Wahl erläutern, woran es diesmal gelegen hat.

Geradeaus weiter geht es **über den Landwehrkanal** zum **Lützowplatz**. Um den müssen wir herum: Also an seinem Ende nach links, an der Einemstraße wieder links, vorbei am Gebäude der Stiftung

Warentest, dann rechts in die **Lützowstraße**. An der **Potsdamer Straße** geht es wieder nach rechts. An der Ecke befindet sich das Studio von **Radio Energy**, und 100 Meter weiter, gegenüber vom Wintergarten-Varieté, wird der **Tagesspiegel** gemacht, zu dem auch ein Laden im Erdgeschoss gehört. Zwei Häuser weiter entsteht übrigens das **Stadtmagazin Tip**.

Info

Der Ende 1945 gegründete, liberale **Tagesspiegel** galt bis in die 90er Jahre als grundsolide, aber staubtrocken. Mit aufgefrischter Optik und gut geschriebenen Texten konnte der Tagesspiegel gegen den allgemeinen Trend zwar Leser hinzugewinnen (Auflage Anfang 2004: etwa 140 000 Exemplare), litt aber seit dem Jahr 2001 besonders stark unter der wirtschaftlichen Krise der Medien. Vier von fünf Tagesspiegel-Lesern wohnen im Westteil der Stadt.

An der nächsten Ampel biegen wir links ab in die **Pohlstraße** und fahren bis zu ihrem Ende. Ein einmaliges Bauwerk ist am letzten Haus rechts zu bestaunen: Eine gemauerte Röhre führt vorn hinein und hinten wieder heraus. Es ist – kein Witz – die U-Bahn!

Wir fahren nach **links in die Flottwellstraße**. An ihrem Ende rechts. Hinter der U-Bahn-Brücke überqueren wir Straße und Landwehrkanal und fahren in die **Köthener Straße**. Am (übrigens von Anliegerfirmen des Potsdamer Platzes finanzierten) U-Bahnhof Mendelssohn-Bartholdy-Park fahren wir rechts in den **Hafenplatz**. Jenseits der Schöneberger Straße nehmen wir den **Radweg links neben dem einzelnen Haus**. Durch einen Park kommen wir am Tempodrom vorbei. Dahinter nur für etwa 20 Meter rechts in die **Möckernstraße**, dann links in die **Hallesche Straße**. Sie endet an der **Stresemannstraße**, in die wir rechts einbiegen. Auf dem Mittelstreifen erinnert ein Stück altes Gleis an die erste von Preußen gebaute Eisenbahn. Kurz dahinter beginnt links das **Willy-Brandt-Haus**, die **SPD-Parteizentrale**. Im hinteren Teil befinden sich eine Buch- und eine Weinhandlung. Außerdem gibt es Büros – beispielsweise das der **Märkischen Allgemeinen Zeitung (MAZ)**, die ohne nennenswerte Konkurrenz im westlichen Brandenburg erscheint. Im Foyer des Hauses steht die tausendfach gefilmte Brandt-Plastik; auch das weitere Ambiente kommt einem dank vieler live übertragener Wahlpartys schon beim ersten Besuch vertraut vor. Wer nicht durch die City heimwärts radeln will, braucht nur noch die paar Meter bis zum Halleschen Ufer vorzufahren und dem Viadukt nach links zum U-Bahnhof **Hallesches Tor** zu folgen.

3

Die klassischen Sehenswürdigkeiten

Das muss man gesehen haben

Wenn man auswärtigen Besuch bekommt, fällt einem plötzlich auf, dass man schon ewig nicht mehr die Pracht der alten und neuen Mitte gesehen hat. Diese Tour ist die Rettung.

Toureninfos *Karte S. 14*

km 11 + 4 km

START Bahnhof Alexanderplatz

ZIEL Bahnhof Zoo/S-Bahnhof Halensee

Überwiegend Hauptstraßen, teils mit Busspuren oder Radwegen.

Beliebige Auswahl. Wer lieber im Grünen als in der Stadt sitzt, sollte den Biergarten an der Schleuse im Tiergarten vorziehen.

Am Halensee (vom Ende des Ku'damms aus weiter geradeaus über den Rathenauplatz, dahinter rechts) gibt es ein Freibad, aber die Wasserqualität ist eher bescheiden.

@ www.berlin.de (Die offizielle Homepage der Stadt ist erfreulich übersichtlich und bietet Informationen aller Art.), www.btm.de (Berliner Tourismus-Portal), www.luise-berlin.de (umfassende Informationen zu Straßennamen und Stadtgeschichte)

Die Tour ist auch bei Nacht reizvoll, zumal die Straßen dann leerer sind. Nur das Stück durch den Tiergarten sollte mit der S-Bahn (eine Station bis Zoo) oder auf größeren Straßen umfahren werden.

Man kann diese Tour in einer Dreiviertelstunde schaffen oder an einem ganzen Tag – und zwar knapp, weil es so viel zu sehen gibt. Deshalb sind die Attraktionen in diesem Kapitel gleich im laufenden Text ganz kurz beschrieben. Los geht es mit dem **Fernsehturm** am Alexanderplatz (mit 365 Metern Berlins höchstes Gebäude, 1969 zum 20. Jahrestag der DDR-Gründung eröffnet, Panorama-Café in der Kugel dreht sich). Hinter dem „Telespargel" (unter Experten hartnäckig als Volksmund-Begriff gehandelt) fahren wir durch den Park zum **Neptunbrunnen** (1891 gebaut, Geschenk des Berliner Magistrats an Kaiser Wilhelm II., nach Reparatur von Kriegsschäden 1969 in den Park am Fernsehturm eingefügt).

An der **Marienkirche** (erste Erwähnung schon Ende des 13. Jahrhunderts, später mehrfach erweitert) überqueren wir die Karl-Liebknecht-Straße. Wir könnten den Mini-Abstecher nach links zum **Dom-Aquarée** (Weltneuheit seit Dezember 2003: 16 Meter hoher Acrylglaszylinder mit einer Million Liter Wasser im Hotelfoyer, Aufzug fährt zwischen bunten Tropenfischen durch; nebenan weitere Aquarienlandschaft im „Sea Life") machen oder gleich geradeaus durch die kleine Rosenstraße zum **Hackeschen Markt** fahren. Vor der Bahntrasse fahren wir rechts und dahinter – nachdem wir uns in den **Hackeschen Höfen** (um 1905 errichtete Jugendstil-Anlage mit acht Höfen, 1996 mit neuer Fassade saniert; seitdem bei Touristen und Berlinern beliebtes Kulturzentrum mit Kinos, Cafés und Galerien) umgesehen haben – halb links.

Durch die **Oranienburger Straße** kommen wir an der **Neuen Synagoge** (1866 als größter jüdischer Kultbau in Deutschland eingeweiht, nach Kriegszerstörungen abgetragen und 1988–1990 wieder aufgebaut) vorbei. Am historischen **Postfuhramt** (1881 eröffnet; mit Ställen für 240 Postpferde, bis 1973 als Post genutzt, seit 1990 größtenteils leer, Hotel geplant) biegen wir links ab in die **Tucholskystraße**. Von der **Spreebrücke** bietet sich ein schöner Blick auf Reichstagsgebäude und Bodemuseum. Gleich dahinter biegen wir links ab und fahren **Am Kupfergraben** an der Museumsinsel (Bebauung begann um 1825 mit dem Alten Museum für Königliche Sammlungen, Abschluss mit Pergamonmuseum, das 1930 als weltweit erstes Architekturmuseum öffnete; jetzt Weltkulturerbe) vorbei. Das heißt, am Wochenende werden wir eher schieben, weil die Straße dann zum Trödelmarkt wird.

An der **Bodestraße** geht es nach links, aber vor der **Alten Nationalgalerie** fahren wir schon wieder nach rechts in die Straße **Am Lustgarten**. Selbiger ist samt **Altem Museum** rechts von uns, während sich links der **Berliner Dom** (unter Kaiser Wilhelm II. bis 1905 aus schlesischem Granit erbaut, schwere Kriegsschäden 1975 bis 1981 repariert, Hohenzollerngruft im Untergeschoss) erhebt.

Am **Schlossplatz** (Standort des nach dem Krieg abgerissenen Hohenzollern-Schlosses; 1973 Bau des Palastes der Republik, der nach der Wiedervereinigung geschlossen und aufwändig vom Asbest befreit wurde; geplanter Abriss und Anlage einer Grünfläche 2005;

Kuppel-Show: Berliner Dom und Fernsehturm hinter der Schlossbrücke.

Neubau eines kulturell zu nutzenden Gebäudes – z.B. Bibliothek – mit Schloss-Fassade aus Geldmangel auf unbestimmte Zeit verschoben) biegen wir rechts ab, so dass wir über die Schlossbrücke auf die Prachtstraße **Unter den Linden** gelangen. Ab hier lohnt praktisch jedes Gebäude einen Stopp: Links die unter Bertelsmann-Regie erneuerte Kommandantur, Kronprinzenpalais und Staatsoper; rechts das 2002 um den Pei-Bau erweiterte Deutsche Historische Museum/Zeughaus, Neue Wache, Humboldt-Uni).

Wir arbeiten uns vor bis zur **Humboldt-Universität**. Vor dem Eingang biegen wir links ab und fahren zwischen **Staatsoper** und „**Kommode**" über den **Bebelplatz**. Nach wenigen Metern auf der **Behrenstraße** geht es links in die **Markgrafenstraße** und zum **Gendarmenmarkt**. Zum Merken: *Vor* dem **Konzerthaus** (Schauspielhaus, um 1820 von Schinkel errichtet, 1905 zum Prunktheater umgebaut, bei Reparatur der Kriegsschäden in den 80er Jahren als reines Konzerthaus wiederhergestellt) kommt der **Französische Dom** (ab 1701 als Kirche der französisch-reformierten Gemeinde errichtet, Kriegszerstörungen bis 1983 repariert), *dahinter* der Deutsche (zeitgleich gebaut). Wesentlicher Unterschied: Der Französische hat eine öffentliche Aussichtsplattform mit famosem Blick über die City.

Wir fahren gleich hinter dem Konzerthaus über den Gendarmenmarkt und biegen an seiner Rückseite rechts ab in die **Charlottenstraße**. **Unter den Linden** rollen wir dann geradewegs aufs **Brandenburger Tor** zu (um 1790 als Stadttor errichtet; die Quadriga verbrachte acht Jahre als napoleonische Kriegsbeute in Paris; Kriegsschäden bis 1958 repariert, ab 1961 gesperrt; die Mauer verlief in einem Bogen auf der Westseite). Das Erlebnis, hier durchfahren zu dürfen, ist seit 2002 exklusiv den Radlern vorbehalten.

Auf der Westseite geht es (über die Markierung des Mauerverlaufes hinweg) geradeaus in die **Straße des 17. Juni** und am **sowjetischen Ehrenmal** (am 11.11.1945 mit einer Parade der Alliierten eingeweiht, Grabstätte für etwa 2000 Rotarmisten, die in den letzten Kriegstagen starben) vorbei zum **Großen Stern**. Wir fahren eine halbe Runde um die **Siegessäule** (1873 zur Erinnerung an drei preußische Siege eingeweiht; begehbare Aussichtsplattform unter der Siegesgöttin Viktoria/„Goldelse") und auf der Straße des 17. Juni weiter bis 100 Meter vor die Bahnbrücke am **S-Bahnhof Tiergarten**. An der Fußgängerampel in Höhe Klopstockstraße biegen wir links ab und fahren zwischen Wasser und Bahntrasse entlang durch den Tiergarten. Dort halten wir uns leicht rechts, um die **Brücken über die Schleuseninsel** nicht zu verpassen. Hinter der zweiten empfiehlt sich ein wunderbar gelegener Biergarten. Von hier folgen wir dem Weg vor der Bahntrasse Richtung Zoo. Manchmal sind links schon von hier Kamele oder ähnlich überraschendes Getier zu sehen. Zu riechen sind sie allemal.

Hinter dem Hardenbergplatz biegen wir links ab in die **Hardenbergstraße** – und sind schon fast an der **Kaiser-Wilhelm-Gedächtniskirche** (ab 1891 zu Ehren des Kaisers und als Landmarke am Kurfürstendamm errichtet; nach einem Senatsbeschluss blieb die Kriegsruine unverändert; Weihe der benachbarten modernen Kirchenteile 1961) Auch das **Europacenter** (1963 bis 1965 als Büro- und Geschäftszentrum errichtet; Kabarett, Kneipen, Sauna und Aussichtsplattform) am Ende des **Breitscheidplatzes** gehört zum Pflichtprogramm.

Hier können wir die Tour enden lassen und das kurze Stück zum Bahnhof Zoo zurückradeln. Oder wir sind konsequent und nehmen noch den **Kurfürstendamm** mit (ursprünglich Weg vom Stadtschloss zum Jagdschloss Grunewald; ab 1873 unter Bismarcks Regie zum Pracht-Boulevard von Adel und Großbürgertum nach Vorbild der Champs-Elysées ausgebaut mit Cafés, Galerien, Boutiquen und später Kinos; Symbol des freien West-Berlin, seit der Wiedervereinigung etwas in die zweite Reihe hinter der Ost-City gerückt): einfach vom Europacenter aus an der Gedächtniskirche vorbei und dann immer geradeaus.

Ku'damm – das klingt besser, als es sich radelt. Wir haben die Wahl zwischen Gehweg und Busspur. Auch ist das Gemisch aus altehrwürdigen Wohn- und Geschäftspalästen und den 60er-Jahre-Scheußlichkeiten keine reine Freude für sensible Naturen. Kenner wissen, dass die wahren Augen- und Gaumenfreuden eher in den Querstraßen zwischen Uhland- und Leibnizstraße verborgen sind. Abbiegen auf gut Glück, vor allem nach rechts, lohnt sich also. Auch die S-Bahn ist nicht weit. Ansonsten fährt man einfach geradeaus zum **Bahnhof Halensee**. Hier enden Ku'damm und Tour.

4

Am Mauerstreifen entlang zur Sonnenallee

TRAURIGE GESCHICHTE

Die Mauer ist aus dem Stadtbild fast verschwunden. Aber sie hat auch fern der offiziellen Gedenkstätten interessante Spuren hinterlassen. Man muss nur wissen, wo.

Toureninfos *Karte S. 14*

km 13 km (Variante 1), 17 km (Variante 2)

START Bahnhof Potsdamer Platz

ZIEL S-Bahnhof Plänterwald oder S-Bahnhof Sonnenallee

Meist Nebenstraßen und Radwege, kurze gepflasterte oder unbefestigte Abschnitte.

Keine spezielle Empfehlung direkt an der Strecke, aber reichlich Auswahl bei Abstechern nach Kreuzberg oder auf der Sonnenallee nach Norden.

@ www.mauermuseum.de, www.mauerfotos.de

Das Mauermuseum am Checkpoint Charlie zeigt eine beeindruckende Dokumentation der geteilten Stadt – einschließlich abenteuerlicher Fluchtgefährte(n) von DDR-Bürgern.

Die berühmte Gedenkstätte an der Bernauer Straße mag beeindrucken und beklemmen. Aber sie ist nicht so authentisch wie die vielen Kleinigkeiten, die anderswo an die 160 Kilometer lange, doppelreihige Mauer mit ihren Signalzäunen, mehr als 300 Wachtürmen und abertausenden Laternen erinnern. Zu jenen faszinierenden Details, die ein erschreckendes Ganzes bildeten, führt diese Tour. Eines Tages wird sie einen besonders interessanten Teil des seit langem geplanten Mauerradweges bilden.

Wir starten an der doppelten Pflastersteinreihe am Potsdamer Platz südwärts. Wie eine Operationsnarbe markiert der gepflasterte Streifen den Verlauf der Mauer über Straßen, Rad- und Fußwege. Gleich wenn wir auf der **Stresemannstraße** losgeradelt sind, kreuzt die Markierung den Radweg, nachdem sie kurz unter einem Neubau verschwunden war. Nach 300 Metern folgen wir dem Streifen nach links in die **Niederkirchnerstraße**, zwischen Abgeordnetenhaus (links) und Martin-Gropius-Bau (rechts) hindurch. Dahinter steht die Mauer auf beachtlicher Länge sogar noch leibhaftig – paradox, dass die Reste des Monstrums jetzt durch einen Zaun vor „Mauerspechten" geschützt werden müssen.

Jenseits der Wilhelmstraße beginnt die **Zimmerstraße**. An der nächsten Kreuzung (Friedrichstraße) ist rechts der berühmte **Checkpoint Charlie** – mit Mauermuseum und Souvenirständen. Aber Vorsicht: Hier ist praktisch nichts mehr echt. Das gilt für die Warnschilder ebenso wie für die mit Beton gefüllten „Sandsäcke" vor dem Kontrollhäuschen. Auf Touristenfotos mag der Ort eine Menge hermachen, aber die wahren Spuren der Mauer werden wir anderswo finden.

Inmitten der Neubauten sind die Narben der Stadt verheilt. Aber schon zweihundert Meter hinter dem Checkpoint Charlie erinnert eine Metallsäule die absurde Realität von einst: an den Bauarbeiter Peter Fechter, der bei einem Fluchtversuch im August 1962 von DDR-Grenzern angeschossen wurde und unter den Augen einer Menschenmenge verblutete. „...Er wolle nur die Freiheit", steht auf der Säule.

Optisch sind die einstigen Stadthälften hier nicht mehr zu unterscheiden. Zur Orientierung: Der „Osten" liegt während der gesamten Tour links von uns, der „Westen" rechts. Auch das Hochhaus des Springer-Verlages steht nicht zufällig hier: Axel Springer ließ es 1966 als Symbol direkt neben der Mauer errichten.

Am Ende der Zimmerstraße biegen wir **halb links in die Axel-Springer-Straße** ab. Nach 150 Metern geht es rechts in die **Kommandantenstraße**, wo vom Todesstreifen noch die Brache auf der linken Seite übrig geblieben ist. Wir fahren nach links in die **Alte Jakob-**

straße und nach wenigen Metern rechts in die **Stallschreiberstraße** – oder besser: auf den Asphaltweg, der neben ihr auf dem einstigen Mauerstreifen verläuft. Vor den Absperrbaken am Ende der Brache folgen wir dem Weg nach links bis zur **Sebastianstraße**. In diese biegen wir rechts ein; die Pflastersteine weisen den Weg.

An der **Heinrich-Heine-Straße** wird es spannend: Direkt vor der Kreuzung ragen abgesägte Metallzinken aus dem Boden. Sie sind von den stählernen Sperren übrig geblieben, die hier einbetoniert waren. Wir überqueren die Heinrich-Heine-Straße. Vor den 50er-Jahre-Bauten links hinter der Kreuzung standen noch lange vier Grenzlaternen aus Beton: Sie trugen rot-weiß-grün gestreifte Markierungen. Die Farbbalken zeigten „freundwärts" – und signalisierten den DDR-Grenzern, von welchem Punkt an sie auch für die eigenen Kameraden als „Grenzverletzer" zu gelten hatten. Leider wurden die Betonmasten Ende 2003 abgerissen.

Wir fahren nach **links in die Luckauer Straße**, anschließend **rechts in die Waldemarstraße** und hinter der Brücke **links in den Leuschnerdamm** Richtung St. Thomaskirche. Davor liegt das Engelbecken: ein kürzlich wiederbelebtes Biotop im Grenzgebiet. Ursprünglich gehörte es zum Luisenstädtischen Kanal, der Mitte des 19. Jahrhunderts als Verbindung von Spree und Landwehrkanal angelegt wurde. Sein Verlauf ist am besten von der Kirche aus zu erkennen.

Der **Bethaniendamm** folgt dem Verlauf von Kanal – und Mauer – und führt durch ein Stück altes Kreuzberg: Hier trägt man die Haare gern lang und bunt und wohnt durchaus auch im Bauwagen. Den „Osten" auf der anderen Straßenseite erkennt man hier beispielsweise an den Laternen: Das runde Modell mit Betonfuß gab es nur in der DDR. Im Pflaster der linken Straßenseite sind sogar noch die Asphaltflicken zu sehen, mit denen die Spuren der Grenzsperren geglättet wurden. Auf einem **breiten Radfahrstreifen** rollen wir **Richtung Spree** und fahren geradeaus an der neuen Verdi-Gewerkschaftszentrale vorbei auf dem Engeldamm **über den Fluss**.

Am **Stralauer Platz** biegen wir rechts ab. Die stark befahrene **Mühlenstraße** ist unvermeidlich, denn nur von ihr aus ist die 1990 von zahlreichen Künstlern bemalte East Side Gallery erreichbar. An der nächsten Kreuzung gibt es einen Durchgang zur Wasserseite. So lässt sich auch die Rückseite der East Side Gallery betrachten – fast ohne Verkehrslärm. Bei genauem Hinsehen ist auch der asphaltierte „Kolonnenweg" der Grenzer zu finden. Er ist noch immer intakt und wäre ein schöner Radweg, wenn mehr von ihm übrig wäre. Auch wir müssen wieder auf die Straßenseite der Mauer, um die berühmtesten Gemälde – bzw. deren traurige Reste – zu sehen.

Vor der **Oberbaumbrücke** lädt der „Speicher" zum Bier mit Blick auf Spree und die wunderschöne Brücke mit ihren Zinnen und den beiden verschiedenen Türmen ein. Auf der Straße Am Oberbaum fahren wir **unter der U-Bahn-Trasse über die Spree** nach Kreuzberg. Vor allem in Morgen- und Abendsonne ist der Blick von der Brücke ein Erlebnis. Links steht übrigens mitten in der Spree ein morscher Betonsteg, von dem aus die Grenze nach Kreuzberg zusätzlich bewacht wurde.

Hinter der Brücke fahren wir durch die **Falckensteinstraße** zur **Schlesischen Straße** und auf dieser nach links. Erst überqueren wir den **Landwehrkanal** und gleich dahinter den **Flutgraben**. Vor uns ist der alte Grenzstreifen deutlich erkennbar, zumal an dieser Stelle einer von nur drei erhaltenen Kommandotürmen steht. Wir fahren gleich **am Ufer** (genau am Schild „Treptow") nach **rechts durch den Park**.

Wir folgen dem Flutgraben bis zur **Brücke**, vor der wir **halb links auf den Pflasterweg** fahren. Hinter der alten Bahntrasse beginnt die **Lohmühlenstraße**; der Grenzstreifen liegt rechts von uns. Bevor wir nach **links in die Harzer Straße** abbiegen, sollten wir einen Blick auf das letzte Haus rechts werfen: Es war Teil der Grenzanlagen; ein Blech an seiner Außenwand verdeckt die von der Mauer hinterlassene Wunde. Entlang der Harzer Straße finden sich weitere Spuren: Gleich hinter dem ersten Grundstück stehen riesige Blumenkübel, die die Natur nun überwuchert. Auch sie gehörten zum „antifaschistischen Schutzwall" und sollten die Mauer vor Durchbruchsversuchen per Lastwagen schützen. Auch in der Onckenstraße hat die Mauer Spuren an einer Hauswand hinterlassen. Und die Brandmauern, die hinter der Mengerzeile von weitem zu sehen sind, wurden nicht zufällig im Erdgeschoss weiß angepinselt: Vor hellem Hintergrund war jeder Flüchtling gut erkennbar. Dafür sorgten auch die Laternen oben drüber.

Die Pflastersteinreihe weist uns den Weg nach **links in die Bouchéstraße**. Die Straße galt als besonders schwer kontrollierbar, weil sie so eng

Mauerblümchen: Hinter der East Side Gallery gibt's Picknickplätze.

war. Also wurde zwischen den Häuserreihen nicht nur das übliche freie Schussfeld geschaffen, sondern zusätzlich mit einem Graben voller Eisenbahnschwellen das Laufen erschwert. Vor den ersten Häusern ist links noch der Verlauf des Mauer-Fundaments im Unkraut zu erahnen. Und zwei alte Laternen mit „Freundwärts"-Markierung gibt es auch: Die eine steht vor dem ersten Haus, die andere vor der Nummer 31.

Dahinter biegen wir **rechts** ab in die **Heidelberger Straße**. Von hier aus unsichtbar, aber bemerkenswert ist ein Detail an der Schule in der Wildenbruchstraße: Der Schulhof lag im Grenzgebiet. Er ist nicht nur durch Mauern nach beiden Seiten gesichert, sondern außerdem durch eine Art Harke, die Kletterer vom Blitzableiter des Altbaus fern halten sollte. Die Zinken ragen noch immer aus der Mauer in den Hof.

Jenseits der Wildenbruchstraße müssen wir ein Stück durch die Brachfläche, um wieder auf die **Heidelberger Straße** zu gelangen. An ihrem Ende fahren wir nach **links in die Treptower Straße**. Auch hier erzählt eine unscheinbare Spur von früher: Die Asphaltflicken mitten auf der Straße sind das Wundpflaster für die Löcher, die die Grenzsperren ins Pflaster gerissen haben.

Wir biegen **rechts in die Kiefholzstraße** ein. Meist verläuft die Mauer-Markierung auf dem Gehweg. Die Kleingartenanlage rechts stand also wahrlich „im Schatten der Mauer" – zumindest vormittags. Übrigens lohnt auch ein Blick zurück: Exakt in Verlängerung der schnurgeraden Straße erhebt sich der Fernsehturm.

Mitten in der gesichtslosen Gegend steht ein ergreifendes **Mahnmal**: „In Treptow starben 15 Menschen an der Berliner Mauer. Unter den Opfern waren zwei Kinder.", steht dort neben einer von Einschusslöchern und der herausgebogenen Silhouette eines Kindes unterbrochenen Stahlwand. „Jörg Hartmann, 10 Jahre alt, und Lothar Schleusener, 13 Jahre alt. Erschossen am 14. März 1966." Der Zehnjährige lebte bei der Großmutter im Osten Berlins und wollte seinen Vater im Westteil besuchen. In der Dämmerung kletterten die Kinder über den ersten Grenzzaun. Die Posten feuerten ohne lange zu zögern – mit Maschinenpistolen. Aus zwei Richtungen. Lothar starb sofort, Jörg im Krankenhaus. Einer der Schützen wurde 1997 zu 20 Monaten auf Bewährung verurteilt.

Wir können die Spuren der traurigen Geschichte entweder hier verlassen: Nach 200 Metern **am Dammweg links** abbiegen, unter der Bahnbrücke durch und dahinter links durch die **Erich-Lodemann-Straße** zum **S-Bahnhof Plänterwald**. Oder wir folgen dem Mauerstreifen noch ein Stück: Der Pfad hinter dem Denkmal zeigt, wo es lang geht. Hinter ein paar Kleingärten kreuzt er den Dammweg, führt anschließend **am Fließ entlang** weiter, durch einen kleinen **Bahntunnel**, an 50er-Jahre-Wohnblöcken vorbei bis zur **Sonnenallee**, die dem berühmten Film den Namen gab. Hier erinnern zwei Fernrohre an die Grenze, alle anderen Spuren sind getilgt. Die Straßenszenen für den Film wurden ohnehin nicht hier gedreht, sondern in den Kulissen von Potsdam-Babelsberg.

Noch 200 Meter durch den Grünstreifen, dann verlassen wir die einstige Grenze nach **rechts in die Forsthausallee/Neuköllnische Allee**. Hinter der Grenzallee geht's in die **Lahnstraße**, über Brücke und Bahngleis. Dann **rechts in die Niemetzstraße**. Hinter den S-Bahn-Brücken führt die **Saalestraße nach rechts** bis zum **Bahnhof Sonnenallee**. Weit hätten wir dem Todesstreifen übrigens nicht mehr nach Süden folgen können: Schon kurz hinter der Forsthausallee ist er inzwischen unter einer Autobahn verschwunden.

5

Zu den Schlössern Bellevue und Charlottenburg

HELLO MR. PRESIDENT!

Normalerweise wohnt und arbeitet das Staatsoberhaupt im Schloss Bellevue. Als das saniert werden musste, hat man ihm ein Ausweichquartier gesucht: im Museum.

Toureninfos

km 19 km

START S-Bahnhof Bellevue

ZIEL S-Bahnhof Bellevue

Fast durchgehend asphaltierte oder gekieste Parkwege, auf dem Rückweg einige Nebenstraßen, kurze Abschnitte auf Hauptstraßen.

Einkehrmöglichkeiten am Schloss Charlottenburg und im Wohngebiet um den Klausenerplatz. Besser: Siehe Extra-Tipp! Für den Rückweg gibt's einen schönen Biergarten im Tiergarten.

In der Spree ist Baden verboten – nicht weil das Wasser zu schmutzig ist, sondern wegen des Schiffsverkehrs.

@ www.bundespraesident.de
www.spsg.de (Stiftung Preußische Schlösser und Gärten)

Ein Picknick im weitläufigen Schlosspark Charlottenburg ist schöner als jeder Biergarten-Ausflug. Also Verpflegung mitnehmen!

„Bellevue" heißt schöner Blick. Zu Recht, wie sich gleich am Ausgang des S-Bahnhofes zeigt, der direkt am Ufer der Spree gelegen ist. Hier beginnen wir die Tour mit einem kleinen Schlenker zum Schloss, an dem wir auch am Ende der Strecke wieder vorbeikommen werden. Am **Ufer** entlang geht es also unter der Bahnbrücke durch und am Schlosspark vorbei bis neben das **Schloss Bellevue**. Sollte der Weg wegen Bauarbeiten gesperrt sein, fährt man einfach mitten durch den Tiergarten um den Park. Orientierungshilfe: Der mit Kameras bestückte hohe Zaun. Egal, wie wir hingekommen sind: Wir fahren auf gleichem Weg zurück zum **Bahnhof Bellevue** und am Holsteiner Ufer entlang der Spree. Die Moabiter Brücke an der Bartningallee lohnt einen Blick und einen Ausblick (z. B. aufs neue Innenministerium mit den zwei runden Türmen). Ansonsten folgen wir dem **Holsteiner Ufer**.

Info

Seit 1994 hat der Bundespräsident im **Schloss Bellevue** nicht – wie zuvor – nur seine repräsentative Berliner Dependance, sondern der Spreeweg 1 ist auch offizieller Wohn- und Dienstsitz des Staatsoberhauptes. Dem nach dem zweiten Weltkrieg wieder aufgebauten frühklassizistischen Schloss wurde 1998 das wegen seiner Form „Präsidentenei" genannte Bundespräsidialamt zur Seite gestellt. Schloss und Amt kann das Volk nur von außen besichtigen; die Innenräume sind Staatsgästen und Mitarbeitern vorbehalten.

Ein Stück hinter dem Wullenwebersteg müssen wir das Ufer verlassen. Der Weg trifft auf die **Englische Straße**, auf der wir bis zum **Salzufer** fahren. Die ziemlich groß geratene Mercedes-Zentrale an der Ecke mag für Autofans der Himmel sein – für nüchterne Radler ist sie zumindest eine architektonisch interessante Wohlstandsblüte. Hinter dem Glaspalast biegen wir rechts ab und fahren bis zur **Franklinstraße**. Dort rechts und vor der Spreebrücke nach links über die Helmholtzstraße. Nun beginnt wieder ein **Parkweg** mit schönem Wasserblick. Zu sehen ist eine Mischung aus neuen Glitzerwelten und hundertjährigen Industriebauten. An Sommertagen erscheint die Spree mit den vielen Ausflugsbooten wie eine Urlaubsgegend. Entspannter als von hier lässt sich die Innenstadt kaum irgendwo erleben.

Am Ende des Uferweges müssen wir über eine kurze Treppe „landeinwärts" und auf einem – keine 200 Meter langen – Holperweg zur **Dovestraße**. Dort fahren wir rechts, über die Brücke (von der aus rechts der Zusammenfluss von Landwehrkanal und Spree zu sehen ist) und dahinter rechts in die **Galvanistraße**. Auf der bleiben wir nur gut 100 Meter, denn vor dem Plattenbau fahren wir wieder nach rechts zum **Ufer**. Gegenüber beeindruckt das riesige Kraftwerk Charlottenburg. Der Siemenssteig, der hinüber führt, passt dazu. Kurz dahinter steht links ein Denkmal für den **„Spreekieker"**.

Gute Figur gefällig? Im Schlosspark Charlottenburg gibt's jede Menge davon.

Info

Mit seiner Arbeitermütze sieht der **„Spreekieker"** auf dem Sockel ein bisschen nach Eckensteher Nante aus. Es ist aber Alfred Braun (1888–1978), der erste deutsche Rundfunksprecher. Er moderierte die erste offizielle Unterhaltungssendung, die am 29. Oktober 1923 aus dem VOX-Haus in der Potsdamer Straße von der Radio-Stunde AG ausgestrahlt wurde.

An der Schlossbrücke führt der Weg durch ein (bis in die Abenddämmerung geöffnetes) Tor in den **Schlosspark Charlottenburg**. Zwischen Karpfenteich, Blumen, Plastiken und hohen Bäumen lässt sich problemlos ein gemütlicher Nachmittag verbringen. Eine genaue Tourenbeschreibung ist angesichts der unendlich vielen Wege chancenlos. Nur so viel: Schön ist es überall, und je weiter man sich vom Schloss entfernt, desto ruhiger und naturbelassener wird der Park. Die kleineren Wege sind den Fußgängern vorbehalten, aber die Schönheit des Parks verdient ohnehin Schritttempo.

Info

Das Schloss Charlottenburg beherbergt neben historischen Repräsentationsräumen, prachtvollen Sälen und der Bibliothek Friedrichs II. auch eine bunte Palette an Museen: Freunde der Landschaftsmalerei kommen in der Galerie der Romantik auf ihre Kosten, Archäologie-Fans sollten sich das Museum für Vor- und Frühgeschichte im Langhansbau nicht entgehen lassen – Schliemanns Troja-Ausgrabungen sind hier zu sehen. Im Stülerbau residiert mit der Sammlung Berggruen die Kunst der klassischen Moderne. Das ursprünglich als Teehaus im Park errichtete Belvedere ist jetzt ein Museum zur Geschichte des Berliner Porzellans. Der größte Teil des weitläufigen Schlossparks zeigt sich als englischer Landschaftspark (Umgestaltung von

Peter Joseph Lenné 1816), nur in Richtung Spree wurde die ursprüngliche barocke Gartenanlage wieder hergestellt. Im Sommer 2004 soll im Schloss Charlottenburg vorübergehend der Bundespräsident einziehen – bis er 2005 ins dann frisch renovierte Schloss Bellevue zurückkehren kann.

Nachdem wir den Park genossen haben, treffen wir uns vor dem Schlossportal am **Spandauer Damm** wieder. Auf dem fahren wir ein Stück westwärts – und passen auf, dass wir keine fotografierenden Touristen überfahren, die meist eher aufs prächtige Schlossportal als auf den Radweg konzentriert sind. Unmittelbar vor der Steigung und den ersten Wohnhäusern überqueren wir den Spandauer Damm und fahren am Rande des **Klausenerplatzes** entlang. Er geht über in die **Danckelmannstraße**, die mit ihren Platanen – und mit ein wenig Phantasie – an Paris erinnert. Gegenüber der französischen Metropole hat sie sogar den Vorteil, dass die Autofahrer (ebenso wie die Radler, wohlgemerkt!) hier verkehrsberuhigt wurden. Seit Anfang der 80er Jahre gilt Schritttempo für alle – so lange wie nirgendwo sonst in Berlin.

Wir biegen links in die **Knobelsdorffstraße** ab, überqueren die Schloßstraße und folgen unserer Richtung weiter durch **Zille**- und **Loschmidtstraße**. In **Alt-Lietzow** geht es hinter der Kirche rechts in die

Das Hauptportal zum Schloss Charlottenburg am Spandauer Damm.

Guerickestraße und nach gut 100 Metern links in die **Galvanistraße**. Über die **Cauerstraße** fahren wir geradeaus ins **Einsteinufer** – bzw. auf den parallel verlaufenden Uferweg am Landwehrkanal.

Hinter der Straße des 17. Juni geht es geradeaus in die **Müller-Breslau-Straße**, auf der wir uns links am Wasser halten. Jenseits der Bahnbrücke lockt der herrlich gelegene Biergarten „Schleusenkrug“. Der Weg führt über eine flache **Treppe**, die man bei Bedarf und Ehrgeiz sogar hoch radeln könnte. Dahinter führen **zwei Brücken** nach links über die Schleuseninsel. Hinter der zweiten geht es nach rechts in den Weg mit den alten Laternen. Links von uns ist der Tiergarten, rechts der Zoo; die Stadt scheint weit weg.

Hinter dem Zaun fahren wir links in die **Drakestraße** und nach etwa 50 Metern rechts in die **Rauchstraße**. Vor deren Ende stehen die für ihre Architektur viel gelobten skandinavischen Botschaften. Dann geht es – für starke Nerven gleich geradeaus, für alle anderen 200 Meter weiter links an der Ampel – über die stark befahrene **Klingelhöferstraße**. In Verlängerung der Rauchstraße geht es auf der **Köbisstraße** zur **Von-der-Heydt-Straße**. Das so genannte Köbisdreieck lag seit dem Krieg brach und war später mit einem Wäldchen bewachsen, das Ende 2003 für das große Neubauprojekt an der Ecke abgeholzt wurde.

Am Landwehrkanal bleiben wir gleich auf der linken Straßenseite, denn schon an der **Hiroshimastraße** biegen wir wieder links ab ins Diplomatenviertel. Bemerkenswert ist vor allem der Kontrast aus der orientalisch verzierten Botschaft der Vereinigten Arabischen Emirate und der betont sachlichen japanischen Vertretung. Beide Gebäude stehen auf der linken Straßenseite. Wer mag, sollte sich noch ausführlicher im Diplomatenviertel umsehen.

Über die **Tiergartenstraße** geht es geradeaus in den berühmten Park. Gleich am Anfang kreuzen zwei Wege. Wir nehmen den zweiten nach links. Er führt schnurgerade auf die **Siegessäule** zu; die „Goldelse“ grüßt schon über den Baumwipfeln.

Am Großen Stern überqueren wir die Straße des 17. Juni. Die nächste Ausfahrt im Kreisverkehr ist der **Spreeweg**, der wieder zum Schloss **Bellevue** führt. Hier können wir noch einmal die schöne Aussicht genießen – oder direkt zurück zum S-Bahnhof Bellevue fahren.

6

Vom Prenzlauer Berg zum Kreuzberg

Durchs Berliner Urstromtal

Dauernd erzählen die Neuberliner, wie schön es „am Prenzlauer Berg" sei. Nur oben waren sie noch nie. Und den Standort des berühmten Lenin-Denkmals finden sie gleich gar nicht.

Toureninfos

km 18 km

START S-Bahnhof Landsberger Allee

ZIEL S-Bahnhof Yorckstraße

Unterschiedlich stark befahrene Stadtstraßen und Parkwege mit teils regem Fußgängerverkehr.

Die Auswahl ist kaum überschaubar, aber als schöner Abschluss der Tour empfiehlt sich der Biergarten „Golgatha" im unteren Teil des Kreuzbergs.

@ www.79qmddr.de (Auf der Internetseite zum Film „Good bye Lenin!" finden sich kuriose Links zum Arbeiter- und Bauernstaat.)

Weil alle Aussichtspunkte recht zugewachsen sind, gibt es bei kahlen Bäumen mehr zu sehen als im Sommer. Allerdings sind warme Sommerabende auf dem Kreuzberg – mit Sonnenuntergang über der City – auch nicht zu verachten.

Im Alltag nimmt man die Höhenzüge kaum wahr, die das scheinbar platte Berlin durchziehen. Aber wenn man auf sie achtet, bemerkt man sie auch. Als Ausgangspunkt für die Suche bietet sich der

S-Bahnhof Landsberger Allee an. Wir nehmen den kleinen Ausgang (**Storkower Straße/Syringenweg**). Schon nach ein paar Metern überqueren wir an der Ampel die Storkower Straße und fahren den **Syringenweg** geradeaus. Danach biegen wir erst rechts in die **Maiglöckchenstraße** und dann links in die **Schneeglöckchenstraße** ab, die direkt auf den **Volkspark Prenzlauer Berg** zu führt. An der Linkskurve verlassen wir die Straße nach rechts und nehmen am Hang den linken der beiden **aufwärts führenden Asphaltwege**. Fußgänger haben im Park übrigens Vortritt; außerdem sollte man auf (verbotenerweise) abwärts rasende Radler gefasst sein. Wenn wir uns am Hang jeweils rechts halten, erreichen wir eine **Hochfläche auf dem Gipfel**. Von hier reicht der Blick über die Plattenbauten von Marzahn, die – wie auch die Berliner Innenstadt – im **Urstromtal** stehen. Der Berg, auf dem wir uns gerade befinden, ist allerdings nicht echt.

Info

Der **Prenzlauer Berg** ist ein künstlicher: Etwa 5 Millionen der insgesamt etwa 80 Millionen Kubikmeter Schutt, die der Zweite Weltkrieg in Berlin hinterlassen hatte, wurden hier Anfang der 50er Jahre abgekippt und zu einem 91 Meter hohen Berg aufgetürmt (die Müggelberge sind nur reichlich 20 Meter höher). Einst gab es an dieser Stelle eine Kleingartenanlage. Inzwischen hat sich die Natur den gigantischen Trümmerhaufen so weit zurückgeholt, dass die Stadt ringsum im Sommer nur durch ein paar Lücken im Laub zu sehen ist.

Nach der Eiszeit bildeten sich durch den Abfluss der enormen Schmelzwassermengen in den Gletscherablagerungen breite Einschnitte – die so genannten Urstromtäler. Das Warschau-Berliner **Urstromtal** zieht sich entlang der Spree durch die Berliner Innenstadt. Im Norden wird es durch die Barnim-, im Süden durch die Teltow-Hochfläche begrenzt. Die Anstiege zu den Hochflächen sind noch deutlich erkennbar.

Von der Plattform nehmen wir den einzigen Weg **100 Meter abwärts** bis zur **Bärenplastik**. Dort **rechts** und **nach 100 Metern links**. Jetzt geht es noch steiler bergab bis zur **Kleingartenanlage**. Der Weg macht eine Linkskurve und heißt jetzt **Süderbrokweg**. An der Dreieckskreuzung fahren wir nach rechts in den **Stedingerweg**. An der **Kniprodestraße** fahren wir nach links, überqueren Storkower Straße und Bahngleise und biegen an der **Danziger Straße** wieder links ab. Wenn wir auf der weiterfahren würden, ginge es munter bergab ins Urstromtal, aber dieses Vergnügen heben wir uns noch auf. Schon 100 Meter hinter der großen Kreuzung fahren wir nämlich nach rechts in die **Margarete-Sommer-Straße**. 150 Meter wei-

Dem Kreuzberg liegt die ganze Innenstadt zu Füßen.

ter biegen wir nach links durch den Zaun ab in den neu angelegten **Volkspark Friedrichshain**. Am Ende des Weges geht es nach rechts durch die Senke mit **dem Beach-Volleyballfeld**. Dahinter halten wir uns leicht rechts, kommen am **Duft- und Behindertengarten** vorbei und fahren auf Asphalt nur kurz bergauf. Dann geht es wieder etwas abwärts zum **Denkmal für Friedrich den Großen**. Dahinter nach **rechts auf dem Pflasterweg** bergauf. Noch ein paar Treppenstufen, dann stehen wir auf einem runden Platz und staunen, wie nahe wir dem Fernsehturm jetzt sind.

Info

Im **Duft- und Behindertengarten** im Volkspark Friedrichshain können auch Menschen mit Handicap die Schönheiten der Bepflanzung genießen: Es wurden Hochbeete angelegt, damit auch Rollstuhlfahrer die Pflanzen aus der Nähe betrachten können. Blinde finden die Beschreibung der duftenden Blumen in Brailleschrift.

Abwärts geht es in einer Spirale um den Berg herum – und zwar abwärts ins Urstromtal. Der Weg endet an der **Friedenstraße**, in die wir links einbiegen. Der direkte Weg führt links hinter den Wohntürmen am **Platz der Vereinten Nationen** (früher: Leninplatz) entlang. Wer den Film „Good Bye Lenin!" gesehen hat, sollte vor dem dreiteiligen Hochhaus entlang fahren: Wo heute das Wasser über die Steine plätschert, stand einst das berühmte **Lenin-Denkmal**.

Info

Der heutige Platz der Vereinten Nationen wurde 1970 als **Leninplatz** angelegt – und erst 2002 durch die legendäre Szene mit dem schwebenden Kopf des Oktoberrevolutionärs im Film „Good Bye Lenin!" richtig berühmt. 100 000 Menschen waren am 19. April 1970, dem Vorabend von Lenins 100. Geburtstag, gekommen (oder abkommandiert worden), um die feierliche Enthüllung der 19 Meter hohen Plastik des russischen Bildhauers Nikolai Tomski zu erleben. Die Plastik aus edlem ukrainischen Marmor-Granit zeigte den Gründer des Sowjetstaates als riesenhaften Bannerträger. Das Lenindenkmal mit dem dreiteiligen Neubauhaus wurde zu einem Wahrzeichen Ost-Berlins und zum Motiv auf der gängigsten Briefmarke der DDR. Ende 1991 wurde es auf Veranlassung des Senats – und unter Protesten vieler Menschen – abgerissen. Die oft als „Bilderstürmerei" kritisierte Demontage dauerte mehrere Monate und wurde mehr als doppelt so teuer wie geplant. In über 120 Einzelteilen wurde das Denkmal in den Wald nach Köpenick geschafft und später unter Sandhaufen begraben. Der Senat hält den genauen Ort geheim, um Souvenirjäger fernzuhalten. Allerdings mit begrenztem Erfolg: 2003 kamen Teile des rötlichen Gesteins an die Oberfläche und mussten wieder zugeschüttet werden. Theoretisch könnte das Denkmal jederzeit wieder aufgebaut werden.

Die Friedenstraße setzt sich jenseits der Landsberger Allee fort. Links ist bald die **Evangelische Auferstehungskirche** zu sehen, deren Ruine mit neuen Anbauten kombiniert wurde. Sobald wir an dem Koloss vorbei sind, geht es **halb rechts in die Koppenstraße**. An der Kreuzung Karl-Marx-Allee sind die opulenten 50er-Jahre-Prachtbauten der einstigen Stalinallee mit dem Frankfurter Tor (die beiden Türme links) gut zu sehen. Geradeaus geht es auf der **Koppenstraße** weiter bis zum **Ostbahnhof**. Hinter der **Unterführung** rechts in die Straße **Am Ostbahnhof** und nach gut 100 Metern links in die **Andreasstraße**. An der Schillingbrücke fahren wir **über die Spree** und geradeaus auf den **Engeldamm**. Im Straßenpflaster sind noch die Asphaltflicken erkennbar, mit denen die von Grenzsperren hinterlassenen Narben geglättet wurden. Wir fahren schon vor der St. Thomas-Kirche links in die **Melchiorstraße** und über den **Mariannenplatz** in die **Mariannenstraße**. Ab hier gibt es Cafés und Kneipen mit Spezialitäten aus aller Herren Länder.

Der Mariannenstraße folgen wir bis zu ihrem Ende am **Landwehrkanal**. Jenseits der Brücke geht es nach **rechts ins Planufer**, direkt **am Kanal entlang**. An der **Grimmstraße** biegen wir links auf den Radweg ab und kommen zur **Urbanstraße**. Dahinter biegen wir halb rechts ab in die **Körtestraße**, die am **Südstern** mit der gewaltigen Kirche endet. Wir überqueren die Hasenheide und fahren nach rechts zum Beginn der **Bergmannstraße**. Diese führt erst an einem riesigen Friedhof vorbei und wird dann immer belebter. Das gilt speziell für den Marheinekeplatz mit der Markthalle und den vielen Kneipen. Auf der weiteren Fahrt durch die Bergmannstraße ist in den Querstraßen nach links der Südrand des Urstromtales zu sehen: Alle führen bergauf.

Etwa 20 Meter hinter der **Kreuzung Mehringdamm** geht es nach links in die **Methfesselstraße**. Ab hier müssen auch wir uns aufwärts kurbeln: auf den **Kreuzberg.** An der Grünfläche führen zwei für Autos gesperrte Wege nach **rechts in den Viktoriapark**. Ein steiles Stück Weg endet am Denkmal auf dem **Gipfel des Kreuzberges**. Von oben sind vor allem die alte und die neue Mitte Berlins wunderbar zu sehen: die Dome am Gendarmenmarkt, der Fernsehturm sowieso, auch der Potsdamer Platz mit dem Sony-Center liegt gut im Blick. An Sommerabenden versammeln sich hier Scharen meist junger Leute, um den Sonnenuntergang zu erleben.

Info

Das von Karl Friedrich Schinkel entworfene **Denkmal auf dem Kreuzberg** wirkt etwas deplatziert inmitten des heutigen Multikulti-Völkchens, denn es erinnert an die Befreiungskriege – Städtenamen und Jahreszahlen künden davon. Preußenkönig Friedrich Wilhelm III. ließ es um 1820 „auf den südlichen Höhen vor der Stadt" errichten. Knapp 60 Jahre später wurde dem Denkmal ein stattlicher Sockel gebaut, damit es trotz der dichter gewordenen Bebauung ringsum sichtbar blieb. Im Jahr 2000 wurde es aufwändig restauriert. Der Wasserfall über künstliche Felsen wurde 1888 bis 1894 unter Regie von Peter Joseph Lenné nach Vorbild des Zackl-Falls in Schlesien erbaut.

Nach so viel Kletterei ist eine Stärkung angebracht. Hervorragende Gelegenheit dazu bietet der Biergarten, in dem im Sommer abends auch Würstchen gegrillt und Kartoffeln gebacken werden. Dazu fahren wir vom Denkmal aus gesehen nach links auf dem breiten Weg bergab; etwa auf halber Höhe geht's nach links. Unser weiterer Weg führt allerdings geradewegs zur **Katzbachstraße**, die wir überqueren. Geradeaus geht es durch die **Monumentenstraße** über die Bahnbrücke (mit schönem City-Blick nach rechts) und dahinter rechts in die **Bautzener Straße**. Diese führt bergab bis zur Yorckstraße. Hier endet die Tour: Rechts geht es zur S 2, 25 und 26; links fährt die S 1 und unter der Straße die U 7. Alle drei Bahnhöfe heißen **Yorckstraße** und befinden sich an der Sohle des Urstromtales.

7

Kreuzberg und Neukölln

PROBLEMLOS DURCH DEN PROBLEMKIEZ

Die Multi-Kulti-Viertel sind zwar arm, aber dafür umso lebendiger. Hier lassen sich orientalische Spezialitäten genießen und fremde Kulturen erleben.

Toureninfos

km 9 km

START U-Bahnhof Hallesches Tor

ZIEL S-Bahnhof Neukölln

Fast durchweg guter Belag, kurze verkehrsreiche Abschnitte, viele kreuzende Hauptstraßen (mit Ampeln), Hügel in der Hasenheide.

Am besten, man hält in Kreuzberg einfach die Augen offen und sucht sich das Spezialitätenrestaurant seiner Wahl. Bei gutem Wetter sitzt es sich in den Schiffskneipen am Urbanhafen besonders schön.

Sommerbad Neukölln am Columbiadamm.

@ www.jmberlin.de (Jüdisches Museum), www.berliner-unterwelten.de (Bunker Fichtestraße)

Für einen Besuch der Sehitlik-Moschee am Columbiadamm lange Sachen zum Überziehen einpacken.

Der **Mehringplatz** am Halleschen Tor sieht nicht unbedingt aus wie das Ende einer Prachtmeile. Ist er aber: Hier versickert die nach Süden hin immer kleiner gewordene Friedrichstraße. Von Glamour keine

Höher als die Baupolizei erlaubt: Minarette der Moschee am Columbiadamm.

Spur; statt teurer Autos gibt es hier billige Döner – was einem als Radler ja nur recht sein kann.

Wir starten nordwärts und biegen **zwischen der doppelten Häuserreihe rechts** ab. An der **Brandesstraße** fahren wir aus dem Kreis heraus durch den Hof des riesigen Plattenbaus. Dann überqueren wir die Lindenstraße und fahren in die **Alte Jakobstraße**. Sie führt hinter dem **Jüdischen Museum** entlang. Auf Höhe des außergewöhnlichen Bauwerkes biegen wir rechts ab in die **Franz-Künstler-Straße**. An der **Alexandrinenstraße** fahren wir nur etwa 70 Meter nach rechts, dann links in den **Parkweg** gegenüber. Jenseits der Lobeckstraße nehmen wir die **Wassertorstraße**. Sie führt zum Wassertorplatz an der Gitschiner Straße.

Info

Das vom Stararchitekten Daniel Libeskind entworfene Jüdische Museum beherbergt eine reichhaltige Sammlung von Alltags- und liturgischen Gegenständen aus allen Epochen des Judentums. Das Museum gehört zu den meistbesuchten in Deutschland. Schon der fertige, aber noch leere Rohbau lockte von 1999 bis 2001 über 300 000 Besucher an.

Wir fahren **unter dem U-Bahn-Viadukt durch** und nach links der Wohnburg am **Kottbusser Tor** entgegen. Davor geht es rechts in die **Admiralstraße**, geradeaus an der **Späher-Plastik** an der Kohlfurter Straße vorbei und sozusagen **über den Schulhof** weiter. Die im Ruinen-Look gestaltete Hausecke links dahinter ist einen Blick wert, bevor wir weiter zum **Landwehrkanal** fahren. Hinter der Brücke beginnt rechts das **Planufer**. Vor uns tut sich der Urbanhafen samt Park und Restaurantschiffen auf. Hier lässt sich's gut pausieren, aber der direkte Weg führt gleich vom Planufer links in die **Dieffenbachstraße**. An der Ampel fahren wir rechts in die **Grimmstraße**.

Info

Das **Kottbusser Tor** wurde als Berliner Stadttor im 18. Jahrhundert errichtet, im 19. Jahrhundert aber bereits wieder abgerissen. Was blieb, ist der Name. Anfang der 70er Jahre wurde hier eines der ehrgeizigsten Berliner Stadtentwicklungsprojekte angestoßen: Das „Neue Kreuzberger Zentrum" (heute: Zentrum Kreuzberg), für das die heruntergekommenen Altbauten gleich im Dutzend abgerissen wurden. Nebenbei war das Vorhaben auch ein riesiges Steuersparmodell. Die Pleite kam jedoch schon zwei Jahre nach Fertigstellung; übrig blieben überdimensionierte Bauten mit zahlreichen Mängeln und 65 Millionen Mark Schulden für den Berliner Senat. Das war allerdings wenig im Vergleich zu den Summen, die in den Folgejahren investiert wurden, um das Viertel vor der Verslumung zu bewahren.

Links hinter der Urbanstraße beginnt die **Fichtestraße**. Auf deren rechter Seite fällt der **oberirdische Bunker** auf. Kurz darauf sind wir an der Hasenheide, die wir an der Ampel (direkt links von uns) überqueren. Auf der anderen Straßenseite geht's geradewegs **in den Volkspark Hasenheide**, der wegen seiner Drogendealer berüchtigt und wegen seiner Weitläufigkeit (samt Biergarten und Freiluftkino auf dem Hügel) beliebt ist. Oben angekommen, fahren wir nach rechts auf dem breiten **Kiesweg** über die große Wiese. An der **Gabelung** dahinter links, am überraschend idyllischen **Rixdorfer Teich** vorbei und zum **Columbiadamm**.

Info

Ursprünglich zur Gasversorgung der Straßenbeleuchung errichtet, diente der **Gasometer an der Fichtestraße** in den Bombennächten des zweiten Weltkriegs tausenden Berlinern als Zuflucht. Unter der beim Ausbau zum Bunker 1940/41 hinzugefügten 3 Meter starken Stahlbetondecke und hinter 1,80 Meter dicken Wänden fanden bis zu 30 000 Menschen gleichzeitig Schutz vor den Angriffen der Alliierten. Nach dem Krieg diente der Bau vorübergehend als Flüchtlingslager und Obdachlosenheim, bevor man hier Lebensmittel für den Fall einer Belagerung Berlins aufbewahrte. Seit 1990 ist der Gasometer ungenutzt. 2003 war er als möglicher Standort für ein Dokumentationszentrum über Vertreibung im Gespräch. Der Verein „Berliner Unterwelten" bietet gelegentlich geführte Besichtigungen an.

Auf dem Columbiadamm fahren wir ein kleines Stück nach rechts und überqueren ihn an der Ampel vor der neuen **Sehitlik-Moschee**. Sie kann, ja sie muss geradezu besichtigt werden. Anschließend geht es vom Friedhof aus nach rechts den **Columbiadamm** entlang, am **Sommerbad Neukölln** vorbei und dahinter in den (unauffälligen) Rad- und Gehweg, der als **Straße 645** beschildert ist. Er geht in die **Oderstraße** über und führt direkt am **Flughafen Tempelhof** entlang.

Info

Der Neubau der **Sehitlik-Moschee auf dem türkischen Friedhof** wurde 2003 fertig und war mit einem saftigen Bußgeld für die türkischen Investoren verbunden, weil die Minarette etwa acht Meter höher gebaut wurden als genehmigt. Der Friedhof wurde 1866 eingeweiht. Damals wurden die Toten des ersten türkischen Friedhofs von 1798 hierher umgebettet.

Am Sportpark Neukölln biegen wir links ab in die **Emser Straße**. Wir fahren geradeaus bis zur **Ilsestraße.** Nun biegen wir erst rechts und schon vor der Brücke wieder links in die **Siegfriedstraße** ab. Sie trifft wieder auf die **Emser Straße**, der wir bergab bis zum Bahnhof Neukölln folgen.

8

Von Zehlendorf durch den Grunewald

ALLES IM GRÜNEN BEREICH

Im Südwesten wohnt man teuer, aber idyllisch. Während andere Bezirke aus dem Schatten der Mauer mitten ins Leben katapultiert wurden, lebt hier die gemütliche Insel West-Berlin weiter.

Toureninfos

km 22 km

START S-Bahnhof Zehlendorf

ZIEL S-Bahnhof Heerstraße

Wechsel aus mäßig befahrenen Straßen (ein kurzes Stück gepflastert) und Waldwegen

Großer Bahnhof: Die Station Nikolassee gehört zu den schönsten in Berlin.

Still ruht der See – genauer gesagt, die Havel. Dahinter der Grunewaldturm.

Mehrere Möglichkeiten rings um den Bahnhof Zehlendorf. Biergarten zwischen Avus und Wannseebadweg. Richtig im Grünen sitzt man am Fuße des Grunewaldturms – oder ein paar Meter weiter auf der anderen Straßenseite.

Das Strandbad Wannsee ist zwar marode, aber irgendwie Legende. Weiter nördlich gibt es wilde Badestellen.

@ www.steglitz-zehlendorf.de

Der Red-Bull-Flugtag im Strandbad Wannsee (einmal pro Jahr, meist im August) ist ein Riesenspaß. Wer die Tour werktags fahren kann, hat mehr Platz auf den Wegen und am Wannseestrand.

Am **S-Bahnhof Zehlendorf** ist die feine Gegend noch nicht zu sehen. Um hinzukommen, fahren wir in die **Machnower Straße**, die vom Teltower Damm abzweigt. Gleich an der ersten Ecke fahren wir nach rechts in die von schönen Villen gesäumte **Berlepschstraße**. Es geht immer geradeaus bis zum **Ende der Straße** am früheren Grenzstreifen. Kurz zuvor erinnert links ein Holzkreuz an den Mauerflüchtling Karl-Heinz Kube, der 1966 als 17-Jähriger erschossen wurde. An der Kreuzung dahinter steht links ein Gedenkstein für die Opfer der deutschen Teilung. Wir bleiben auf Berliner Seite, biegen also nach rechts in die **Benschallee** ab und fahren geradeaus weiter in das Wäldchen. **Am Rohrgarten** biegen wir links ein und schlängeln uns durch die mit wild verstreuten Laternen, Bauminseln und Parkbuchten verkehrsberuhigte Straße. So gründlich wie hier wurde der Autoverkehr kaum irgendwo sonst gezähmt.

Am Ende der Straße geht es nach rechts in den **Wasgensteig**. Der angrenzende Waldfriedhof ist übrigens ein wunderbarer Ort, um in Ruhe ein Stück spazieren zu gehen. Unsere Tour führt weiter zur Ampel und geradeaus über die Potsdamer Chaussee; dahinter links in den **Pfeddersheimer Weg**.

Wir fahren nach rechts in die **Von-Luck-Straße** und nach 100 Metern links in die Straße **Im Mittelbusch**. Sie wird zur Straße **An der Rehwiese** – und führt an selbiger vorbei.

Vor der Autobahn geht es dann nach rechts in die **Prinz-Friedrich-Leopold-Straße**. Ab hier gibt's auch wieder Asphalt. Die Straße führt zum ungewöhnlich schönen **S-Bahnhof Nikolassee**. Der Weg durch den Bahnhof ist der einfachste, zumal die Treppen nicht lang sind.

Info

Der im Stil der Backsteingotik errichtete **Bahnhof Nikolassee** mit seinen Erkern und Zinnen gehört zweifellos zum Schönsten, was die Berliner S-Bahn zu bieten hat. Gebaut wurde er 1902 als Kreuzungspunkt von Wetzlarer und Wannseebahn. 530 000 Mark kostete das Prachtstück, das erst Jahrzehnte später für die elektrisch betriebene S-Bahn ausgerüstet wurde.

Auf der anderen Seite fahren wir **zwischen Bahntrasse und Avus** kurz rechts und auf dem **Rosemeyerweg** nach links über die **Autobahnbrücke**. Auf der anderen Seite des Kronprinzessinnenweges führt der **Wannseebadweg** geradeaus zum – na klar – **Strandbad Wannsee**. Von dort geht es an der Rechtskurve weiter auf der Straße durch den Wald. Sie führt schließlich **zur Insel Schwanenwerder**. Wer mag, kann über die Brücke fahren und auf der Insel eine Runde drehen. Außer ein paar XXL-Villen gibt es aber nichts Besonderes zu sehen. Der direkte Weg führt deshalb schon hinter dem Segelverein, also **vor der Brücke**, nach rechts **am Ufer entlang**. Hinter der großen Badestelle verlassen wir den Sandweg und fahren vom Wasser weg zur **Havelchaussee** und biegen links ein. Früher war sie für Autos gesperrt, jetzt gilt immerhin Tempo 30. Manchmal scheint es, als hielten sich die Autofahrer eher daran als die Scharen der Rennradler, die hier täglich trainieren.

Die Straße führt an mehreren Badegelegenheiten vorbei und anschließend lange, lange bergauf, bis links schließlich der **Grunewaldturm** samt Biergarten auftaucht.

Info

Der zum 100. Geburtstag von Kaiser Wilhelm I. 1897 errichtete **Grunewaldturm** bietet neben einer herrlichen Aussicht über die Havel auch die Möglichkeit zur Stärkung im Biergarten. Der 55 Meter hohe Turm kann täglich von 10 bis 18 Uhr über 204 Stufen bestiegen werden.

Danach führt die Havelchaussee so sehr bergab, dass man die Tempo-30-Schilder im Vorbeirauschen kaum noch erkennt... Aber damit man nicht zu übermütig wird, geht es anschließend noch einmal aufwärts – aber nicht mehr so lange wie zuvor.

Etwa 1,8 Kilometer hinter dem Grunewaldturm sollten wir die Augen offen halten, um unseren Abzweig nicht zu verpassen: Unmittelbar **hinter der Bushaltestelle „Havelweg"**, am Wetterschutzhäuschen, biegen wir nach **rechts in den breiten Waldweg** ab. Auch der R 1 ist hier entlang ausgeschildert. Nach kurzer Fahrt kommen wir am **Waldfriedhof Grunewald** vorbei.

Info

Waldfriedhof Grunewald: Ebenso ungewöhnlich wie die abgeschiedene Lage ist die Geschichte des „Selbstmörderfriedhofs". Hier ruhen viele, die sich das Leben nahmen. Weil Selbstmord bis 1845 als Verbrechen galt und die Leichen automatisch zu Forschungszwecken freigegeben wurden, sahen viele Angehörige nur eine heimliche Bestattung als Ausweg – mitten in der Nacht, auf der abgelegenen Lichtung im Grunewald.

Wir fahren immer **geradeaus durch den Wald**, bis links aus einer Senke der Teufelssee durchs Laub schimmert. An der Gabelung dahinter halten wir uns links, so dass wir an einer großen Liegewiese samt Badestelle vorbei kommen. Dann führt der Weg bergauf am **Naturschutzzentrum** vorbei und trifft auf die **asphaltierte Teufelsseechaussee**. Wir fahren halb rechts und kommen nach einiger Zeit wieder in bewohntes Gebiet. Die Teufelsseestraße, wie sie nun heißt, trifft auf die **Heerstraße**. Wir sind am Ziel: Der **S-Bahnhof** ist gleich links von uns.

Info

Der gemeinnützige Verein **Naturschutzzentrum Ökowerk** bietet Veranstaltungen zur Umweltbildung an und nutzt die Gebäude als Ausstellungszentrum rund ums Thema Umwelt. Für das leibliche Wohl gibt es einen Öko-Imbiss.

9

Rund um den Tegeler See

ABFLUG INS GRÜNE

Bei Tegel denken viele nur an den Flughafen. Die bekannten Wald- und Seengebiete dagegen befinden sich im Süden von Berlin. Darum ist es im Norden so schön leer.

Toureninfos

km 19 km

START S-Bahnhof Tegel

ZIEL S-Bahnhof Tegel

Flach, größtenteils asphaltiert, kostenpflichtige Fähre.

Große Auswahl entlang der gesamten Strecke.

Badestellen und Freibäder am Flughafensee und Tegeler See.

@ www.reinickendorf.de (unter der Rubrik „Tourismus und Kultur" findet sich Wissenswertes über die Umgebung)

Der Fährmann macht gegen 20 Uhr Feierabend.

Wir verlassen den Bahnhof Tegel über den Ausgang „Buddeplatz/Buddestraße" und starten nach links in die **Buddestraße**. Nach etwa 300 Metern biegen wir rechts in die **Veitstraße** ab. An der großen Kreuzung nach links auf den Radweg entlang der **Berliner Straße**. Wir passieren die U-Bahn-Station **Borsigwerke**.

Info

Im Jahr 1898 wurde in Tegel von der **Lokomotiven- und Maschinenfabrik A. Borsig** ein komplett neues Werk eröffnet. Neben einem eigenen Hafen entstand auch die Wohnsiedlung Borsigwalde für 5000 Mitarbeiter – ein Zeichen der bei-

Arm- statt Beintraining: Paddeln auf dem Tegeler Fließ

spielhaften sozialen Versorgung, die die Angestellten genossen. Das Ende des zuletzt unter Regie der Deutschen Babcock betriebenen Werkzeugmaschinenbaus kam Anfang der 90er Jahre. Heute erinnern noch die U-Bahn-Haltestelle sowie das Einkaufszentrum „Hallen am Borsigturm" an ein bedeutendes Stück Berliner Industriegeschichte.

Nach Überqueren der **Bernauer Straße** am Berhard-Lichtenberg-Platz schwenken wir schräg rechts in einen Park. Weiter führt der Weg an der Mauer des Tegeler Gefängnisses entlang, dann folgt er dem Waldrand. Durch den Wald erreichen wir den **Flughafensee**.

An der Kreuzung vor dem See biegen wir nach rechts ab. Eine steinerne Wegmarkierung gibt das Ziel „**Saatwinkel**" vor. Der uralte Mischwald schirmt uns vom benachbarten Flughafen Tegel ab. Nur die Stille wird von Zeit zu Zeit durch das Brummen eines startenden oder landenden Flugzeugs unterbrochen.

Gut zwei Kilometer hinter dem Flughafensee treffen wir wieder auf eine Autostraße. Wir überqueren sie und fahren auf dem **Maienwerderweg** weiter. Bald schon erreichen wir auf der Teerstraße Saatwinkel. Am Ortsbeginn halten wir uns halb links, rollen auf der Straße **Im Saatwinkel** durch den Ort und folgen ihrem Rechtsknick nach etwa 100 Metern. Am Ende der Straße wenden wir uns nach links. Am **Hohenzollernkanal** knicken wir scharf rechts ab, fahren kurz am Ufer entlang und überqueren ihn über die Brücke. Am anderen Ufer fahren wir von der Brücke aus gesehen nach rechts weiter.

Das **Haveleck** umrunden wir entlang der Kleingärten. Hier treffen sich Havel, Hohenzollernkanal und Tegeler See. Hinter den Kleingärten halten wir uns links, am Zaun entlang. Vor der Böschung der Autostraße biegen wir rechts ein, am **Kanalufer** wieder nach links. Unter der Brücke durch radeln wir am Ufer entlang bis zur nächsten, weniger befahrenen **Spandauer-See-Brücke**, die wir überqueren.

Am anderen Ufer folgen wir der **Hugo-Cassirer-Straße** um eine Kurve nach rechts. An der Ampel biegen wir links ab in die **Rauchstraße**. An der nächsten Ampel nach etwa 600 Metern halten wir uns rechts (**Streitstraße**, später Nieder-Neuendorfer Straße).

Hinter dem Aalemannkanal folgen wir dem Wegweiser zur **Fähre** nach rechts ins **Aalemannufer**. Die Überfahrt für Drahtesel und Reiter kostet weniger als ein BVG-Ticket.

Auf der anderen Seite benutzen wir den **Uferweg** nach rechts. Am Hotel-Restaurant „Igel" müssen wir über die Terrasse schieben. Am Landzipfel gibt es eine weitere **Schiffsanlegestelle**. Fußgänger und Radler können sich hier auf einem Rundkurs nach Hakenfelde, Valentinswerder, Maienwerder, Saatwinkel oder zur Havelspitze befördern lassen. Wir radeln jedoch am Ufer entlang weiter. Am Barschelplatz wir der Uferweg durch die Gärten einiger Villen unterbrochen. Wir müssen nach links in die **Scharfenberger Straße** ausweichen. Aber schon nach 100 Metern können wir wieder nach rechts zum Wasser hin abbiegen (**Tegelorter Ufer**). Am Tegeler See biegen wir wieder nach links in den **Uferweg** ein. Bei schönem Wetter drängen sich hier die Spaziergänger – also Vorsicht!

Hinter dem Biergarten tauchen wir in den Wald ein. Links des Weges fällt eine Reihe von Betonschächten auf. Hier fördert das Wasserwerk Tegel Trinkwasser. Im Wald treffen wir auf einen breiteren Betonweg und fahren diesen in gewohnter Richtung **am See entlang**.

Rechts am Ufer bietet sich ein Sandstrand mit Badestelle zur Abkühlung an. Danach entfernt sich der Weg etwas vom See, um das Ufer den Besuchern des Strandbades Tegelsee zu überlassen. Wer Zeit hat und den Eintrittspreis nicht scheut, kann auch hier eine Bade- und Getränkepause einlegen.

Hinter dem Bad folgen wir dem **Betonweg** durch den Wald. Kindern ist das **Damwildgehege** auf der linken Straßenseite eine willkommene Abwechslung. Rechts der Straße finden wir einen Gedenkstein für den Oberforstmeister August von Burgdorf (1747 bis 1802), der als Forstrat von Tegel die moderne Forstwirtschaft mit entwickelt hat. Manche der alten Buchenwälder in dieser Gegend stammen aus seiner Zeit.

Hinter dem Gelände der Segelvereine biegen wir rechts ab, die Ausschilderung zeigt die **Radwege 1 und 5** an. Nach etwa 400 Metern, am Ende des Tegeler Sees, fahren wir nach links und folgen dem **Tegeler Fließ**. An der **Gabrielenstraße** können wir nach links einen Abstecher zum **Schloss Tegel** machen. Dazu folgen wir der Gabrielenstraße einen knappen Kilometer, biegen dann scharf links ein – und fahren auf gleichem Weg zurück.

Info

Im **Schloss Tegel** lebte seit 1766 die Familie Humboldt, weshalb es auch **Humboldtschlösschen** genannt wird. Ein Teil des ursprünglich als Weingut errichteten, später von Schinkel umgebauten Schlosses ist als Museum zugänglich (nur mit Führung, Mai bis September montags 10, 11, 15 und 16 Uhr, feiertags geschlossen). Im Schlosspark liegt am Ende einer Lindenallee die Familiengrabstätte der Humboldts. Hier wurden auch die Brüder Wilhelm und Alexander zur letzten Ruhe gebettet.

Unser direkter Weg führt von der Gabrielenstraße zur etwa 100 Meter entfernten **Tegeler-Hafen-Brücke**. Auf die Brücke, wie auch von ihr herunter, müssen wir unser Fahrrad über ein paar Stufen tragen. Auf der belebten **Greenwich-Promenade** fahren wir bis zur Schiffsanlegestelle. Dort biegen wir nach links ab in die Straße **Alt-Tegel**. Hinter der Kirche folgen wir der Einbahnstraße um eine Rechtsbiegung. In Höhe der Kirche biegen wir links ab in die schmale **Kirchgasse**. Nach einem Durchgang treffen wir auf die **Brunowstraße**, der wir bis zurück zum S-Bahnhof folgen.

10

Entlang der Panke von Buch nach Wedding

Es klapperte die Mühle...

... am rauschenden Bach. Kein Witz: Vor 200 Jahren trieb die Panke Mahlwerke an und trat oft über die Ufer. Jetzt fließt sie knöcheltief dahin, bevor sie ganz verschwindet.

Toureninfos

km 20 Kilometer

START S-Bahnhof Berlin-Buch

ZIEL S-Bahnhof Wedding

Meist autofreie Parkwege, einige kreuzende Hauptstraßen.

Im zweiten Teil der Tour ist die Auswahl relativ groß. Besonders schön sitzt man im Freiluft-Restaurant am Majakowskiring.

Kleiner Fluss mit großer Geschichte: die Panke.

@ www.freundeskreis-pankow.de/schloss.html

Für Picknick-Freunde ist der Pankower Bürgerpark wie geschaffen. Außerdem beim nächsten Mal in der City nicht vergessen, das Loch am Bahnhof Friedrichstraße zu besichtigen, durch das ein Arm der Panke in die Spree mündet.

Buch ist ein Kapitel für sich: Scheinbar ein eigenes Städtchen, schon außerhalb des Autobahnringes gelegen. Aber es gehört zu Berlin. Unsere Tour beginnt an der **Wiltbergstraße**: raus aus dem S-Bahnhof und rechts eingebogen. Wer die **Panke** in Ruhe begrüßen will, sollte zuerst eine Runde durch den dunklen **Schlosspark** auf der anderen Straßenseite drehen. Ansonsten biegen wir von der Wiltbergstraße nach etwa 200 Metern vor der **Mini-Brücke** rechts ab. Die **rot-weiße Markierung des Pankeweges** weist uns den Weg. Das wird sie auf dieser Tour noch öfter tun – aber leider nicht überall, wo wir sie bräuchten.

Info

Die **Panke** entsteht aus winzigen Fließen in einem Feuchtgebiet bei Bernau. Während das Wasser heutzutage meist nur knöcheltief durch den Graben strömt, brachte das einst fischreiche Flüsschen in früheren Jahrhunderten richtige Hochwässer zustande. Schon ab 1700 wurde es als Schifffahrtsweg aus der Berlin-Cöllner Innenstadt nach Niederschönhausen aufgestaut. Es gab viele Mühlen, von denen eine – wenn auch erheblich umgebaut – an der Badstraße noch erhalten ist. Nahe der Grenze zwischen den Alt-Bezirken Wedding und Mitte teilt sich die Panke. Der größere Arm mündet am Nordhafen in den Spandauer Schifffahrtskanal, der andere floss größtenteils unterirdisch durch Rohre zur Spree am Bahnhof Friedrichstraße. Er wurde 1961 fast völlig trocken gelegt. Seine Mündung ist als rechteckiges Loch in der Ufermauer erkennbar. Teile des alten Verlaufes sollen wieder freigelegt oder durch Wasserspiele (vor dem Berliner Ensemble) symbolisiert werden.

Vor dem Spielplatz geht es nach **links über die Brücke**, dann zwischen Kita und Turnhalle entlang und rechts in die **Walter-Friedrich-Straße**. Die verlassen wir nach wenigen Metern wieder nach rechts, fahren hinter dem **Schulzaun** wieder rechts und am **Parkplatz** noch einmal rechts. An der **Sporthalle** vorbei geht es wieder über die Panke. Dahinter müssen wir an noch einer Schule links vorbei und unter der **Bahnbrücke** durch. Sobald wir dahinter links abgebogen sind, wird die Route übersichtlicher: Der Weg führt geradeaus am Feld entlang, über die **Autobahn** und unter einer **Bahnbrücke** durch. Die kaum zwei Meter breite und meist nur knöcheltiefe Panke fließt links zu unseren Füßen.

An der **kreuzenden Allee** wechseln wir das Ufer, biegen also gleich hinter der Brücke nach rechts in den **Uferpfad** ein. Der trifft nach 800 Metern auf eine Straße und führt – mit der Panke zusammen – unter **mehreren Bahnbrücken** durch. An der Linkskurve dahinter **ignorieren wir ausnahmsweise die Wegmarkierung** und fahren auf dem Asphalt weiter zur **Flaischlenstraße**. Dort rechts und an der Ecke Königsteinstraße wieder rechts auf den **schmalen Betonweg**, der bergauf über die **Autobahn** führt. Hinter der Brückenabfahrt links in die **Gartenkolonie** und bei der nächsten Gelegenheit wieder links. Nun schauen wir wieder auf die Panke hinab, der man kaum glauben möchte, dass sie noch Anfang der 80er Jahre nach starkem Regen zu einem richtigen Hochwasser angeschwollen ist.

An der nächsten **großen Straßenkreuzung** wechseln wir wieder die Uferseite. Neben uns bildet die Panke einen **kleinen Stausee** und teilt sich an dem kleinen Wehr. Zur Stromgewinnung reicht der Damm aber nicht. Wenig später kommen wir an **mehreren Teichen** vorbei, deren größter origineller Weise „Der Teich" heißt.

Der idyllische Weg endet vor einer Leitplanke. Hier fahren wir nach rechts **über die Panke hinweg** und an der Ampel links und wieder rechts **über die Pasewalker Straße** samt Tramgleisen. Dahinter geht es in die **Schloßallee**, deren Verlängerung in den **Schlosspark Schönhausen** führt. Nach kurzer Abwesenheit ist auch die Panke wieder da: breiter als zuvor fließt sie links neben uns. Wir folgen ihrem Ufer, aber wir **überqueren sie nicht**. Stattdessen halten wir uns am Ende des Parkes rechts und kommen so durch die Mauer zum **Schloss Schönhausen**.

Info

Das **Schloss Schönhausen** ist nicht regelmäßig zugänglich; lediglich das reich verzierte Treppenhaus ist von außen zu erahnen. Der Kernbau entstand 1662 als Wohnhaus im holländischen Stil. Nach zahlreichen Um- und Anbauten bekam das Schloss 1764 seine heutige Gestalt. Eine geschichtsträchtige Rolle spielte es als Regierungssitz von Wilhelm Pieck (DDR-Präsident 1949 bis 1960), später als Gästehaus der DDR-Regierung. Zu den letzten Gästen zählte Michail Gorbatschow im Oktober 1989. Kurz darauf tagte hier der „Zentrale Runde Tisch", später diente es als Versammlungsort für die 2+4-Verhandlungen über die deutsche Einheit.

Von dort geht es auf gleichem Wege wieder zurück und durch die **Ossietzkystraße** bis zum **Majakowskiring**. Wir fahren im Wortsinn eine Runde durch die Einbahnstraße – aber langsam, denn es gibt viel zu sehen!

Info

Der **Majakowskiring**, im Volksmund früher „das Städtchen" genannt, war Vorgänger der DDR-Politsiedlung Wandlitz. Jahrelang war er sogar eingezäunt. An mehreren Häusern in der stillen Straße erinnern Tafeln an die prominenten Bewohner: In Nr. 46/48 lebte von 1950 bis 1964 Otto Grotewohl, der erste Ministerpräsident der DDR. Das weiße Haus mit der Nummer 34 bewohnte von 1945 bis 1958 der Dichter und Kulturminister Johannes R. Becher. Die Nummer 29 war bis 1960 Domizil vom Wilhelm Pieck, dem ersten und einzigen Präsidenten der DDR. Den bemerkenswert hässlichen Flachbau, der am kreuzenden Rudolf-Ditzen-Weg rechts zu sehen ist, kaufte sich nach der Wende der nunmehr vom Amt entbundene DDR-Staats- und Parteichef Egon Krenz, der zuvor unbehelligt in der Waldsiedlung Wannsee wohnte. Und im Majakowskiring 12 lebte bis zu ihrem Tod im Jahr 2002 Lotte Ulbricht, die Witwe von Walter.

Nach der Geschichtsrunde fahren wir nach rechts durch die **Ossietzkystraße** und überqueren wieder die Panke. Dann rechts in die **Parkstraße** bis zur Schönholzer Straße. Hinter der **Ampel** führt ein Weg durchs **Tor in den Bürgerpark**. Wir halten uns hinter dem Tor rechts und wechseln an der **kleinen Brücke** wieder auf die andere Seite der Panke. Am Ende des Parks müssen wir sie kurz verlassen: Wir biegen links in die Straße **Am Bürgerpark** ein und fahren nach knapp 100 Metern rechts und unter der **Bogenbrücke** durch. Eine Markierung im Boden erinnert daran, dass hier die Mauer stand. Wir sind im Altbezirk Wedding und biegen rechts in die **Nordbahnstraße** ein. Natürlich ist die Panke nicht weit; gleich hinter der Brücke geht es links an ihr grünes **Ufer**. An der nächsten Brücke wechseln wir erneut die Uferseite und kommen in die **Stockholmer Straße**. An der Ampel geht es geradeaus über die Osloer in die **Travemünder Straße**. Durch einen **Park** kommen wir zur **Badstraße**, die wir an der Ampel (ein Stück rechts von uns) überqueren. Auch hier klapperten einst die Mühlen. Von der anderen Straßenseite aus lässt sich die Pracht der hanseatisch aussehenden Altbauten bewundern, bevor wir am linken Ufer der Panke wieder rechts abbiegen.

Die von der Zeit geschwärzte Ufermauer gegenüber lässt schon das traurige Ende der Panke erahnen, aber ein kleines Stück ist es noch bis dahin. Der Weg geht über in die **Orthstraße**. An der **Pankstraße** bleibt nur ein wehmütiger Abschiedsblick: Weiter kommen wir nicht. Also biegen wir rechts ab, fahren an der **Reinickendorfer Straße** geradeaus und sehen vor uns schon die S-Bahn-Trasse und den Eingang zum **Bahnhof Wedding**.

11

Die Wuhle in voller Länge

AB DURCH DIE PLATTE

Wie eine grüne Ader zieht sich das Wuhletal durch den gesamten Berliner Osten. Hier wird selbst ein Ausflug in die oft geschmähten Plattenbaubezirke schön.

Toureninfos

km 15 km, verlängert: 18 km

START S-Bahnhof Ahrensfelde

Hoch hinaus am Hochhaus – mit Blick von Marzahn bis zu den Müggelbergen.

ZIEL S-Bahnhof Köpenick

Meist gekieste Parkwege, einzelne asphaltierte oder unbefestigte Abschnitte. Kaum Autoverkehr, aber kreuzende Hauptstraßen. Steigungen nur bei Abstechern auf die Hügel in Marzahn.

Keine empfehlenswerte Einkehr direkt an der Strecke, aber eine ausgezeichnete italienische Trattoria („Al Borgo") in Köpenick: Zwischen Bahntrasse und Einkaufszentrum zur Bahnhofstraße fahren, diese überqueren und über den Elcknerplatz rechts in die Borgmannstraße. Von der Bahn kommend ist das Restaurant links vor der Parrisiusstraße.

@ www.erholungspark-marzahn.de

Die gekiesten Wege hinterlassen auf heller Kleidung die geringsten Staub- und Spritz-Spuren. Ein Picknick am Spreeufer ist ein schöner Ausklang der Tour.

Die eigentliche Wuhle-Quelle ist nicht recht zu definieren und schlecht erreichbar: ein Rohr am Bahnhof Ahrensfelde-Friedhof könnte als Anfang gelten, aber eigentlich drückt der Boden ringsum das Wasser einfach aus sich heraus. Machen wir es uns bequem, indem wir am nahen **Bahnhof Ahrensfelde** starten. Hier endet nicht nur die S-Bahn, sondern auch die Stadt. Wir überqueren die Märkische Allee und starten in die **Klandorfer Straße**, der wir nach links folgen. Jenseits der **Schorfheider Straße** fahren wir halb rechts in die **Hohenwalder Straße** und nach etwa 50 Metern halb links in die **Feldstraße**. Und schließlich rechts ins Sträßchen **An der Wuhle**, das später in einen Schotterweg übergeht. Die **Wuhle** ist hier, kaum einen Kilometer von ihrer Quelle entfernt, noch nicht der Rede wert und eigentlich nur an der Baumreihe und dem Schilf zu unserer Linken erkennbar. Aber immerhin markiert sie die Berliner Stadtgrenze.

Info

Die **Wuhle** wäre fast ein richtiger Berliner Fluss, würde sie nicht ihren unspektakulären Ursprung knapp außerhalb des Stadtgebiets in ein paar Teichen nördlich von Ahrensfelde haben. Nur kurz kann sie ungestört ihrem Bachbett folgen, bevor die Neue Wuhle das Tal dominiert. Im Unterlauf teilen sich Wuhle und Neue Wuhle ein Bett.

Wo der Weg schließlich auf das Ende der Kemberger Straße trifft, biegen wir links ab und sehen vor uns die **Ahrensfelder Berge**. Sie sind Bestandteil der Barnim-Hochfläche und erst zu DDR-Zeiten durch die Ablagerung von Bauschutt auf ihre heutige Höhe gewachsen. Wenn wir sie fast erreicht haben, müssen wir links abbiegen, denn vor uns kreuzt jetzt die chronisch durstige **Neue Wuhle**. Sie verläuft nun rechts von uns. Kurz vor der Landsberger Allee, wenn vor uns die ersten Plattenbauten zu sehen sind, vereinigen sich die Neue und die „richtige" Wuhle ganz unauffällig an einer kleinen Brücke.

Info

Als Ableiter des gereinigten Wassers aus dem Klärwerk Falkenberg wurde 1968 die **Neue Wuhle** mit ihrem meist schnurgeraden Verlauf und ihrem geometrischen Profil errichtet. Seit der Stilllegung des Klärwerks in den 90er Jahren fehlt jedoch das notwendige Wasser. Das Bett ist nur noch ein kleines Rinnsal. Eine heiß diskutierte Renaturierung soll nun die vom Wuhlewasser abhängigen Biotope im Tal vor der Austrocknung retten.

An der **Landsberger Allee** biegen wir rechts ab und fahren **etwa 200 Meter stadteinwärts**. An der ersten Ampel fahren wir nach links und in den **gekiesten Parkweg** neben den Straßenbahngleisen. Der Park ist vor kurzem aufwändig und originell neu angelegt worden – beispielsweise mit Liegestühlen und einem Hügel mit steinernem Sofa.

Als nächstes kreuzt die **Eisenacher Straße**. Wir fahren auf ihr nach links, am **Erholungspark Marzahn** entlang. Direkt hinter der zweiten Wuhlebrücke, also vor dem Haus mit der Riesenwippe auf dem Dach, führt ein **neuer Weg nach rechts**. Den nehmen wir. Rechts von uns ist der 98 Meter hohe **Kienberg** zu sehen. Man kann ihn per Rad bezwingen, aber die Mühe dient eher der Kondition als der Aussicht, denn hohe Bäume versperren den Weitblick vom Gipfel. Am **Wuhleteich** vorbei geht es zur **Cecilienstraße**. Hier biegen wir rechts ab und fahren nach 200 Metern, also hinter der Bushaltestelle, wieder nach links in den **Kiesweg**. Die Altbauten, die bald von weitem zu sehen sind, gehören zum ansonsten hochmodernen Unfallkrankenhaus Marzahn.

Info

Im 21 Hektar großen **Erholungspark Marzahn** locken verschiedene Themengärten (der chinesische „Garten des wiedergewonnenen Mondes", der japanische „Garten des zusammenfließenden Wassers" und schließlich der balinesische „Garten der drei Harmonien") sowie schöne Spielplätze und einladende

Liegewiesen. Die Fahrräder müssen aber draußen vor der Kasse geparkt werden. Geöffnet ist der Erholungspark täglich von 9 Uhr bis zum Einbruch der Dunkelheit.

Wenn vor uns schon der **Bahnhof Wuhletal** zu sehen ist, halten wir uns an der Gabelung links. Am Bahnhof überqueren wir die Altentreptower Straße und fahren geradeaus **unter den Bahnsteigen** durch. Dahinter geht es über eine schmale Brücke und dann links. Die stark befahrene Straße Alt-Biesdorf überqueren wir und fahren geradeaus in den **Möwenweg**. Dann geht es links in die **Mosbacher Straße**, über die Wuhle hinweg und sofort dahinter nach rechts. Von nun an fahren wir lange links der Wuhle entlang. Auf der **Heerstraße** fahren wir knapp 100 Meter nach links und dann rechts in die Straße **An der Wuhle**. Ein Stück jenseits der Lindenstraße tut sich rechts der idyllische Wuhlesee auf. Die Hoppendorfer Straße überqueren wir neben der gemauerten Brücke und fahren links der Wuhle weiter durch den Park.

Am Ende des Asphaltweges **wechseln wir die Uferseite** und fahren weiter, bis vor uns der Einkaufstempel **Forum Köpenick** auftaucht. Unser Weg endet am **Stellingdamm**. Wir biegen links ein und haben nun zwei Möglichkeiten: Entweder fahren wir ihn gleich vor bis zum Bahnhof Köpenick. Oder wir schauen noch zur Wuhle-Mündung. Dazu biegen wir nach **rechts in die Parkhaus-Einfahrt** ab und fahren unter der Bahnbrücke durch. Dahinter geht's aber nicht ins Parkhaus, sondern nach rechts **zurück zum Uferweg**. Am linken Ufer der Wuhle rollen wir weiter durchs Grüne, dann geradeaus über die kreuzende Hämmerlingstraße. Rechts über der Wuhle sehen wir das 1920 eingeweihte Stadion „Alte Försterei", Heimat des Fußballclubs 1. FC Union Berlin. Die Tribüne an der Wuhle wurde einst unter aktiver Mithilfe der Fans errichtet. Ein geplanter Neubau des in die Jahre gekommenen Stadions scheitert derzeit noch am chronischen Geldmangel des Vereins. Wenn wir die Straße an der Wuhlheide überquert haben, sind es nur noch ein paar Meter bis zur **Mündung der Wuhle in die Spree**. Gerade abends lässt es sich hier schön sitzen und aufs Wasser schauen, bevor wir zurück zum **S-Bahnhof Köpenick** fahren: Auf gleichem Wege bis zum Einkaufs-Forum und an der Bahntrasse ein kurzes Stück nach rechts.

12

Durch Plänterwald und Wuhlheide zum Müggelsee

FEIN RAUS

Sie wollen von der Innenstadt nach Köpenick oder zum Müggelsee? Aber Sie mögen keine lauten Ausfallstraßen? Dann radeln Sie doch durchs Grüne ins Grüne!

Toureninfos

km 15 km

START S-Bahnhof Treptower Park

ZIEL Müggelsee (Anschluss Tour 13)

Gut befahrbare Parkwege und Nebenrouten, in Köpenick Hauptstraßen mit Radwegen.

Mehrere Ausflugslokale an der Spree im Treptower Park und im Plänterwald. Gleich nach der Fähr-Überfahrt ein Restaurant in

Still ruht die Spree. Am Plänterwald ist die Großstadt weit weg.

Barockschloss Köpenick, nahe dem Zusammenfluss von Dahme und Spree.

der Nalepastraße. Mehrere Lokale (z. B. der Ratskeller und die Ur-Berliner „Alte Laterne") in Alt-Köpenick.

In der Spree gilt auf Berliner Stadtgebiet ein Badeverbot. Nicht wegen der Wasserqualität, sondern wegen des Schiffsverkehrs. Also lieber weiterradeln bis zum Müggelsee! Oder eine Pause im FEZ Wuhlheide machen: Hier gibt es sowohl einen Badesee als auch eine Schwimmhalle.

@ www.fez-berlin.de, www.hauptmann-von-koepenick.de

Sowohl vom Treptower Park aus als auch vom Luisenhain in Köpenick starten Ausflugsschiffe zu Touren Richtung City und ins Grüne. Die letzte Fähre (BVG-Tarif) schippert gegen 20 Uhr über die Spree. Im FEZ Wuhlheide gibt es fast immer ein buntes Programm für Kinder.

Der Treptower Park ist sowohl mit mehreren S-Bahn-Linien als auch per Rad aus der City schnell erreichbar und deshalb ein guter Startpunkt auf dem Weg ins Grüne. Wer die in der Spree stehenden **„Molecule Men"** noch nie aus der Nähe gesehen hat, sollte vom Bahnhof aus zuerst das kleine Stück an der Spree stadteinwärts fahren.

Ansonsten starten wir gleich stadtauswärts auf dem **Uferweg**, der an der großen Schiffsanlegestelle vorbei durch den Park führt. Hier herrscht an schönen Sommertagen Hochbetrieb, aber schon bald wird es ruhiger. Wir halten uns in Wassernähe und kommen vom Treptower Park direkt in den **Plänterwald**. Von der – eigentlich ganz nahen – Stadt ist nicht viel zu merken; allenfalls das Heizkraftwerk am anderen Ufer erinnert daran.

Info

In der Spree vor den Treptowers stehen seit 1999 die **„Molecule Men"**. Der amerikanische Künstler Jonathan Borofsky hat die 30 Meter hohen Skulpturen aus je 15 Tonnen Aluminium geschaffen. Ihr Anblick kann nicht nur im Morgenlicht faszinieren, wenn sich die aufgehende Sonne in ihnen spiegelt, sondern auch abends, wenn sie hinter der Oberbaumbrücke untergeht.

Kurz vor dem Ende des Waldes erreichen wir die **Fähre**, die uns nach Schöneweide übersetzt. Unser Weg führt direkt am Steg vorbei.

Wilhelmstrand heißt die Anlegestelle am anderen Spreeufer. Wir fahren knapp 300 Meter und biegen dann **rechts in die Nalepastraße** ein. Die Straße besteht im Wesentlichen aus einem alten Bahngleis, das mitten im Kleingartenidyll ein wenig seltsam anmutet. Es ist ein Überbleibsel der Industriebahn aus dem nahen Oberschöneweide, in dem einst über 25 000 Menschen in DDR-Großbetrieben Fernseher, Kabel, Batterien und andere Technik produzierten. Weiter hinten ist das überflüssig gewordene Bahngleis verschwunden – und an seiner Stelle ein **Radweg** gebaut worden.

Wir fahren nach links in die **Mentelinstraße** und bis zu ihrem Ende. Dann rechts bis zur großen Kreuzung. Wir überqueren die Edisonstraße und fahren **unter der Autobrücke durch** in die **Treskowallee**. Nach etwa 100 Metern nehmen wir das „**Eichgestell**", einen breiten Waldweg, nach rechts. Er führt zum FEZ, dem **Freizeitzentrum in der Wuhlheide**, das früher der „Pionierpalast" war. Nachdem wir an der Freilichtbühne vorbei gekommen sind, fahren vor dem Koloss aus Lärchenholz entlang. An seinem Ende führt der **Weg nach rechts über den Parkplatz** aus dem weitläufigen Park hinaus.

Info

Das heutige **Kinder- und Jugendfreizeitzentrum Wuhlheide** (FEZ) wurde 1979 als „Pionierpalast Ernst Thälmann" für die (Ost-)Berliner Schulkinder eröffnet. In dem großzügigen Erholungspark mit einer von Kindern und Jugendlichen betriebenen Parkeisenbahn, Spiel- und Sportplätzen, einem Badesee und mehreren Freilichtbühnen liegt das eigentliche Freizeitzentrum mit Schwimm- und

Sporthalle, Theater- und Konzertsälen, eigenem Film- und Fernsehstudio, Kunstatelier und Raumfahrtzentrum. Zu DDR-Zeiten war das pädagogisch durchdachte Angebot sensationell vielfältig; Ende der 90er Jahre wurde es aus Kostengründen etwas eingeschränkt.

Vor dem Zaun fahren wir nach **rechts zur Straße An der Wuhlheide**, die wir überqueren. Dann unter der Bahnbrücke hindurch, am Stadion Alte Försterei (FC Union) vorbei und immer geradeaus auf der Lindenstraße bis nach Köpenick. Dort überqueren wir die Spree auf der Dammbrücke und biegen an deren Ende, also direkt vor dem ersten Haus von **Alt-Köpenick**, scharf nach rechts zum Ufer ab. Dann links. Am Anfang der Promenade empfiehlt sich das Restaurant „Zum Dampfschiff". Luisenhain heißt das Idyll hier am Zusammenfluss von Spree und Dahme, das auch einen Blick aufs berühmte **Köpenicker Rathaus** bietet.

Info

Das neugotische **Köpenicker Rathaus** wurde 1901 bis 1903 nach Entwürfen von Hans Schütte, Hugo Kinzer und Joseph Schewe erbaut. Lohnend ist in jedem Fall auch ein Blick in den Innenhof. Vor dem Eingang begrüßt eine Statue von Wilhelm Voigt die Besucher. Die berühmte Geschichte des arbeitslosen Schusters, der in einer Hauptmannsuniform aus einem Second-Hand-Laden den Köpenicker Bürgermeister verhaftete und die Stadtkasse beschlagnahmte, hat Carl Zuckmayer in seinem Drama „Der Hauptmann von Köpenick" verarbeitet.

Der Weg endet an der Langen Brücke. Geradeaus geht's auf die Schlossinsel. Sowohl das **Barockschloss** als auch die von hohen Bäumen bestandene Insel lohnen einen Besuch.

Info

Im jüngst sanierten barocken **Schloss Köpenick** sind unter dem Titel „RaumKunst" neben Möbeln und Kunstgewerbe aus Renaissance, Barock und Rokoko auch vier einzigartige Raumtäfelungen zu sehen. Direkt am Ufer lockt das Schlosscafé.

Um zum Müggelsee zu kommen, müssen wir der leider lauten **Müggelheimer Straße** folgen, also von der Dammbrücke stadtauswärts fahren. Immerhin gibt es einen Radweg, der später allerdings links an der Straße verläuft. Der kürzeste Weg zum Müggelsee ist der **Strandschloßweg**. Er führt als Fuß- und Radweg links der Straßenbahn-Wendeschleife (also hinter der letzten großen Ampelkreuzung vor dem Wald, Ecke Salvador-Allende-Straße) vorbei. Wir folgen ihm schnurgerade am Krankenhaus-Park vorbei und durch eine recht überschaubare Plattenbau-Siedlung in den Wald. Knapp zwei Kilometer hinter den letzten Häusern trifft er auf den **Uferweg** und schließt sich so an die Müggelsee-Runde (Tour 13) an.

13

Von Friedrichshagen rund um den Müggelsee

DURCHS GRÜNE INS BLAUE

Ein verträumtes Fischerdorf in Berlin? Umgeben von Wasser und Wald? Das alles kann man haben, ohne die Stadt zu verlassen. Köpenick ist wie Kurzurlaub.

Toureninfos

km 20 km

START S-Bahnhof Friedrichshagen

ZIEL S-Bahnhof Friedrichshagen

Wechsel aus Nebenstraßen und gut befahrbaren Waldwegen

Große Auswahl in der Bölschestraße, Fischräucherei an der Rahnsdorfer Fähre, Ausflugsrestaurants am Südufer des Müggelsees.

Freibäder in Friedrichshagen und Rahnsdorf. Außerdem gibt es einen Strand am Kleinen Müggelsee und kleine Badestellen am Südufer des Großen.

@ www.bwb.de/museum.html (Museum im Wasserwerk)

Wer werktags fährt, muss sich am Müggelsee nicht zwischen vielen Fußgängern durchklingeln.

Die nach dem Schriftsteller Wilhelm Bölsche benannte und von reizenden alten Häusern gesäumte Flaniermeile von Friedrichshagen beginnt gleich hinter der Ampelkreuzung am Bahnhof. Am besten, man bummelt gleich auf dem Gehweg entlang, um nichts zu verpassen. Liebevoll zurechtgemachte Jugendstil- und Gründerzeitbauten wechseln sich mit flachen Kolonistenhäusern aus dem 18. Jahrhundert ab. Die Polizeiwache in der Nummer 87 wurde 1899 als Rathaus eingeweiht. Gegenüber der 1903 erbauten Kirche findet montags, mittwochs, freitags und an Samstagvormittagen ein Wochenmarkt statt. Seit der 250-Jahr-Feier im Jahr 2003 schaut der Alte Fritz, Gründer von **Friedrichshagen**, von seinem Sockel auf das Treiben.

Info

Etwa 100 Familien aus Sachsen, Böhmen, Hessen und Württemberg siedelten sich in dem 1753 von Friedrich II. gegründeten Kolonistendorf **Friedrichshagen** an. Sie pflanzten Maulbeerbäume, die Raupen für die Seidenspinnerei ernähren sollten. Die Bäume mickerten, die Spinnerei lief schlecht. Im 19. Jahrhundert entwickelte sich das Dorf zum Städtchen – und zur Sommerfrische der Berliner, die schon 1849 einen Bahnhof bekam. Das Denkmal des Alten Fritzen zur 250-Jahr-Feier wurde mit Spenden der Einwohner bezahlt und ersetzt ein nach dem Krieg eingeschmolzenes Original von 1904.

Am **Ende der Bölschestraße** biegen wir für wenige Meter nach links in den **Müggelseedamm** und sofort **wieder rechts in die Josef-Nawrocki-Straße** ab. Sie führt erst auf die Bürgerbräu-Brauerei zu und weiter im Karree zwischen hübschen alten Villen entlang. Nach gut 300 Metern trifft sie wieder auf den **Müggelseedamm**. Wir biegen rechts ein. Hinter der Hausnummer 214 geht's zum Seebad. In der Nummer 254 hat Wilhelm Bölsche gewohnt; eine Gedenktafel erinnert an ihn. Zwischen den Häusern glitzert immer wieder der Große Müggelsee. Später führt die – aus Denkmalschutzgründen gepflasterte – Straße zwischen den Gebäuden von Berlins ältestem und schönstem **Wasserwerk** samt Museum entlang.

Fast wie im Urlaub: Cafés in der Bölschestraße in Friedrichshagen.

Info

Noch immer ist Friedrichshagen einer der größten Wasserlieferanten der Hauptstadt. Ab 1889 wurde das **Wasserwerk** gebaut und erst nach 90 Betriebsjahren von einer modernen Anlage abgelöst. Das Wasser wird größtenteils aus Uferfiltrat rings um den Müggelsee gewonnen. Das „Museum im Wasserwerk" befindet sich in einem von drei denkmalgeschützten Schöpfmaschinenhäusern: Müggelseedamm 307, im Sommer mittwochs bis freitags von 10 bis 16 Uhr, an Wochenenden und Feiertagen 10 bis 17 Uhr geöffnet.

Ein Stück hinter dem Wasserwerk enden die Zäune auf der Seeseite. Hier gibt es **zwei Möglichkeiten**: Entweder man fährt auf dem **Müggelseedamm** schnurstracks weiter **Richtung Rahnsdorf**. Oder man biegt **halb rechts in den Waldweg** ein, der oberhalb des Ufers am See entlang führt. Dieser Weg ist eindeutig der schönere, aber er muss mit den Fußgängern geteilt werden. Nach einem reichlichen Kilometer trifft er wieder auf die Straße, auf der wir hinter dem lang gestreckten Strandbadgelände vorbei nach Rahnsdorf fahren.

Zu den ersten Häusern von **Rahnsdorf** gehört das Café Gerch auf der rechten Seite des Fürstenwalder Damms. Dahinter fahren wir nach **rechts in die Seestraße**. Dann nach **links in die Wiesenstraße**. Nur als Hinweis: 100 Meter weiter kreuzt der Müggelwerderweg, an dessen Ende rechts eine Fähre durch die Müggelspree ins alte **Rahnsdorf** fährt. Ansonsten folgen wir der Wiesenstraße, deren Verlängerung schlicht Straße 565 heißt. An ihrem Ende biegen wir rechts in die Straße **Am Stieggarten** ab. 200 Meter weiter geht es halb rechts in die **Dorfstraße**. Ihr Name ist Programm, denn Rahnsdorf sieht hier aus wie ein verschlafener Ort irgendwo in den brandenburgischen Weiten.

Info

Der auf einer Sanddüne im Urstromtal errichtete Fischerort **Rahnsdorf** ist schon 1375 erwähnt worden. Wegen der abgeschiedenen Lage zwischen mehreren Spreearmen blieben die ursprünglich slawischen und deutschen Bewohner bis ins 19. Jahrhundert fast unter sich. Neben der Kirche stehen mehrere Denkmäler: Eines ist dem Andenken des Fischermeisters August Herrmann gewidmet, ein anderes „dem 138-fachen Lebensretter" Karl Lupe und seiner Frau Emma.

Hinter dem Kirchturm führt die **Kruggasse** bergab zur Müggelspree. Rechts gibt es eine Fischräucherei, links einen Biergarten – und geradeaus die skurrilste **Fähre** von ganz Berlin: Etwa zwischen Ostern und Anfang Oktober rudert (!) täglich außer montags der Fährmann die wenigen Meter über das Fließ. Theoretisch gilt ein Stundentakt (etwa von 11 bis 19 Uhr); praktisch sitzt der Käpt'n bei schönem Wetter gern am Ufer und startet auf Zuruf. (Nur vorsichtshalber der Hinweis: Der Vertrag für den Fährbetrieb wird jährlich verlängert. Sollte die Fähre zwischenzeitlich weggespart worden sein: Zwischen Rahnsdorf und Erkner führen Brücken über die Müggelspree; dieser Umweg ist etwa 4 Kilometer lang.)

Vom anderen Ufer führt die **Straße 35** weg. An ihrem Ende geht es nach rechts „**Zu den Müggelheimer Wiesen**". Am Ende dieses Weges erreichen wir einen Ausläufer von Müggelheim und fahren scharf **rechts in den Neu Helgoländer Weg**. Für die direkte Route biegen wir nach etwa 200 Metern **an der rot-weißen Schranke links** in den Asphaltweg ab. Alternativ lohnt ein Abstecher geradeaus zum Gasthaus Neu Helgoland, das nach einem Brand im Jahr 2002 neu aufgebaut worden ist – samt herrlich am Wasser gelegener Terrasse.

Der Weg führt hinter einem großen **Badestrand** durch den Wald um den Kleinen Müggelsee. An seinem Ende fahren wir ein paar Meter nach rechts auf dem breiteren Asphaltweg und biegen dann nach links auf den **Uferweg um den Großen Müggelsee** ein. Etwas oberhalb verläuft zwar ein Radweg, aber wer sich Zeit nimmt, sollte lieber den schönen Spazierweg mit Seeblick fahren. Befestigt ist auf dem ersten Abschnitt keiner von beiden. Dafür gibt es am Schilfgürtel reges Tierleben zu sehen: Kormorane, Reiher, Blessrallen, Enten, Schwäne, Möwen – alles da, wenn man ein wenig Glück hat.

Vom Hotel Müggelsee fahren Schiffe nach Friedrichshagen, außerdem gibt es das originelle Restaurant „Wendenturm". Einen Kilometer weiter, am „Rübezahl" kann man sich ein Boot mieten oder von der Restaurantterrasse aus übers Wasser schauen. Ab hier sind beide Wege asphaltiert; man hat also die Wahl.

An ihrem Ende treffen die beiden parallelen Wege zusammen. Wir halten uns rechts und kommen an einem Wassersportverein vorbei zum **Spreetunnel**. An seinem Eingang stand vor dem Krieg das Lokal „Müggelschlösschen", von dem nur ein Erdhügel geblieben ist. Durch den 1926 versenkten Betontunnel unterqueren wir die Spree. Am anderen Ufer laden Dampferanlegestelle, Park und Biergärten zum Verweilen. Der direkte Weg geht vom Tunnelausgang geradeaus zur **Josef-Nawrocki-Straße**. Dort geht es nach links und an der Brauerei vorbei zur Ampel. An dieser überqueren wir den Müggelseedamm und fahren durch die **Bölschestraße** geradeaus bis zum S-Bahnhof Friedrichshagen.

14

Über Berlins bekanntesten Höhenzug

BERGETAPPE MIT WEITBLICK

Die Hauptstadt liegt zwar nicht direkt am Meer, aber inmitten Deutschlands wald- und wasserreichster Gegend. Beweis? Ein Blick vom Müggelturm.

Toureninfos

km 17 km

START S-Bahnhof Grünau

ZIEL S-Bahnhof Grünau

Wechsel von asphaltierten und unbefestigten Waldwegen, kaum Straßen, durchweg gut befahrbar, aber teilweise steil.

Am seeseitigen Ende der Wendenschloßstraße gibt es ein Restaurant. Als Abschluss der Tour bietet sich ein Abstecher zum Schiffsrestaurant „Huckleberry" an: Mit der Fähre zurück nach Grünau, nach links in die Regattastraße und an der Nr. 141 um das große Haus herum zum Wasser.

Badestellen an der Großen Krampe hinter Müggelheim und am Langen See. Der Rückweg führt am Strandbad Wendenschloß vorbei. Zum Strandbad Grünau radelt man auf der Regattastraße ab der Wassersportallee knapp zwei Kilometer stadtauswärts.

@ www.berlin-gruenau.de, www.koepenick.net

Wegen der Anstiege genug zu trinken mitnehmen und möglichst nicht gerade sonntags nachmittags auf dem Spazierweg am Langen See entlang radeln. Die Fähre fährt im Sommerhalbjahr bis etwa 21 Uhr.

Bei Grünau klingt schon der Name irgendwie idyllisch. Zu Füßen des S-Bahnhofes überqueren wir an der Ampel das Adlergestell und fahren die **Wassersportallee** bis zum Ende – also bis auf den Steg der **Fähre nach Wendenschloß**. Wenn die Fähre gerade weg ist: Umso besser, denn so können wir vom Steg aus in Ruhe die geschichtsschwangere **Regattastrecke** auf der rechten Seite betrachten.

Info

An der Regattastraße in Grünau findet sich eine der traditionsreichsten Ruderstrecken Deutschlands. Bereits unter Kaiser Wilhelm I. wurden hier 1883 die ersten Ruderregatten veranstaltet, später folgten Europa- und Weltmeisterschaften. Die heutige **Regatta-Anlage** wurde für die Ruderwettbewerbe der Olympischen Spiele 1936 gebaut. Das Wassersportmuseum erinnert an die bewegte Geschichte des Wassersports in Berlin (samstags 14 Uhr bis 16.30 Uhr und nach Vereinbarung, Tel: 030/6744002). Die Regattaanlage kann nach Voranmeldung besichtigt werden.

Am anderen Ufer fahren wir die **Müggelbergallee** geradeaus, bis sie in einen **Waldweg** übergeht. Wendenschloß gehörte schon immer zu den besten Wohngegenden im Berliner Südosten. Nur leider wurden die Straßen vor langer Zeit aus holprigem Kopfsteinpflaster gemacht, das wohl noch lange halten wird (und muss). Aber im ständig feuchten und deshalb erstaunlich grünen Wald fährt es sich umso besser. Wir folgen dem Weg, bis er an einer Absperrschranke endet. Dort geht es rechts auf die **Betonstraße**.

Vor der **Gabelung** warnt ein Schild vor acht Prozent Steigung. Manchem Flachländer, der sich auf dem breiten Weg zum **Müggelturm** hinaufkurbelt, dürften sie eher wie 80 Prozent vorkommen. Kleiner Trost: Der Ausblick ist es wert. Oben ist rechts der Turm.

Info

Zusammen mit seinem Unterbau, den Müggelbergen, erreicht der 30 Meter messende **Müggelturm** eine Höhe von 120 Meter über Meeresniveau. Neben der Sicht über ganz Berlin ist bei klarem Wetter im Süden sogar die 43 km entfernte Cargolifter-Halle zu erkennen, die ursprünglich zum Luftschiffbau erbaute größte freitragende Halle der Welt. Der Müggelturm mit angebauter (zurzeit geschlossener) Gaststätte wurde 1959 bis 1961 mit Hilfe von Spenden und viel freiwilliger Arbeit errichtet, nachdem der hölzerne Vorgänger 1958 einem Brand zum Opfer gefallen war. Die von einem Studentenkollektiv der Kunsthochschule Weißensee entworfene Anlage aus Glas, Beton und Stahl steht seit 1995 unter Denkmalschutz – was jedoch den weiteren Verfall nicht aufhält. Ein Neubau ist lange geplant, kam aber wegen Meinungsverschiedenheiten zwischen Bezirk, Senat und Investoren nicht voran.

Vom Turm aus fahren wir am rechten Rand der Betonfläche entlang in den **Kammweg**, der über den gesamten Höhenzug führt. Später ist er asphaltiert – und schickt uns in rasender Schussfahrt **bergab nach Müggelheim**. Vorsicht: Der Weg endet in einer Kurve; wer allzu schnell ist, landet leicht im Wald oder im Gartenzaun. Der planmäßige Weg führt vor den Gärten nach rechts und dann nach links in den **Grünstadter Weg**.

Info

Obwohl **Müggelheim** administrativ zu Berlin gehört und seit der Wende stark gewachsen ist, blieb ihm der Charakter eines Bauerndorfes erhalten. Der Dorfkern um die 1890 erbaute Kirche am Anger steht unter Denkmalschutz. Viele Straßennamen erinnern noch an die früheren Bewohner: zugewanderte Kolonisten aus der Pfalz, die Müggelheim um 1750 gründeten.

An seinem Ende fahren wir nach rechts in die **Sobernheimer Straße**. Im Wald geht es noch einmal bergab, bis wir endlich wieder auf „Meeresniveau" sind. Links tauchen erst ein **Strand** und dann die Große Krampe auf – ein Ausläufer der Dahme.

Am Ende des **Campingplatzes** tut sich vor uns der Lange See auf, der zur Dahme gehört. Der Uferweg knickt scharf nach rechts ab und ist ab jetzt unbefestigt. Nach drei Kilometern kommen wir an einen unbewachten, vor allem bei FKK-Freunden beliebten Strand. Von den einst berühmten Ausflugslokalen am weiteren Weg ist wenig übrig: von „Marienlust" nach einem Großbrand gar nur noch das Fundament. Bei „**Schmetterlingshorst**" gibt es immerhin noch einen Imbiss.

Der Weg führt am **Strandbad Wendenschloß** vorbei und wird zur Straße: **Möllhausenufer** heißt der Abschnitt zwischen See, Park und Villen. Am Ende geht es – genau gegenüber den Regattatribünen – rechts in die **Wendenschloßstraße**.

An der **Müggelbergallee** biegen wir links ab und sind nach gut 100 Metern wieder an der **Fähre**. Im Sommer fährt das letzte Schiff am Wochenende um 21.05 Uhr nach **Grünau**; werktags um 21.15 Uhr. Am anderen Ufer haben wir die Wahl: Entweder links in die Regattastraße und am Wasser etwas essen. Oder gleich geradeaus durch die **Wassersportallee** zum S-Bahnhof Grünau.

15

Am Teltowkanal von Mariendorf zum Griebnitzsee

Als der Teltowkanal angelegt wurde, sollte er nur nützlich sein. Doch nach und nach haben Natur und Stadtplaner ihn auch schön gemacht.

Toureninfos

km 23 km

START S-Bahnhof Attilastraße

ZIEL S-Bahnhof Griebnitzsee

Größtenteils befestigte oder gut gekieste Wege. Nur ein Abschnitt hinter Stahnsdorf ist sehr schmal und sandig. Keine Steigungen.

Mehrere Einkehrmöglichkeiten an der Machnower Schleuse.

Im Teltowkanal nicht möglich. Aber in Kleinmachnow, im Freibad Kiebitzberge.

@ www.steglitz.de/jahrbuch/22.htm (Wissenswertes zum Kanalbau auf der Internet-Seite des Bezirkes Steglitz-Zehlendorf)

Im Frühjahr ist der schmale Uferpfad hinter Stahnsdorf noch nicht so zugewachsen. Die zumeist schattige Tour lässt sich aber auch an Hochsommertagen angenehm fahren.

Der 34 Kilometer lange Teltowkanal führt in einem großen Bogen durch den Berliner Süden. In seinem östlichen Drittel, also zwischen Tempelhof und Treptow, ist er meist zwischen Industriegebieten und einer Autobahn eingezwängt. Deshalb fahren wir vom

Bahnhof Attilastraße westwärts. Wir nehmen **den Ausgang zum Steglitzer Damm** und überqueren die Kreuzung. **Die Reutlinger Straße** führt zum **Maulbronner Ufer** – und schon sind wir am **Teltowkanal**.

Info

Der 34 Kilometer lange **Teltowkanal** ist der kürzeste Weg von der Potsdamer Havel zur südlichen Oder. Spatenstich für das gewaltige Projekt war im Dezember 1900, Eröffnung 1906. Auftraggeber war die Teltower Verwaltung unter Landrat Ernst von Stubenbrauch. 40 Millionen Mark kostete der Kanal, der nicht ganz den wirtschaftlichen Aufschwung brachte, den sich die Teltower Kreisverwaltung versprochen hatte. Zu Mauerzeiten war er gesperrt, aber nachdem der Westen einen Ausbau mit aufwändiger Grenzsicherungstechnik bezahlt hatte, durften ab 1981 Schiffe von Westen zum Kraftwerk Lichterfelde fahren. Zwischen Treptow und Neukölln versperrte dagegen ein Gitter den Weg. Nach der Wende war ein Ausbau des Kanals im Gespräch, wurde aber wegen des kaum machbaren Eingriffs im Stadtgebiet wieder verworfen.

An der **Kaiser-Wilhelm-Straße** biegen wir links ab und überqueren den Kanal. Nach gut 300 Metern, am **Edenkobener Weg**, sind wir den Straßenlärm schon wieder los: Wir biegen rechts ab, überqueren wieder den Kanal und fahren gleich **hinter der Brücke** nach links auf den **Uferweg**. Jenseits der Siemensstraße geht es **Am Eichgarten** weiter, geradeaus über die Birkbuschstraße. Ein Stück dahinter öffnet sich der Kanal auf der anderen Seite zum Steglitzer Hafen. Der

Zinnen mit Aussicht – an der Hakeburg über dem Machnower See.

Grüne Welle: Teltowkanal bei Kleinmachnow.

gewaltige Klotz zu unserer Rechten gehört zum Klinikum Benjamin Franklin. Bald bittet ein Schild, dem Rettungshubschrauber Vorfahrt zu gewähren – der Landeplatz grenzt nämlich direkt an unseren Uferweg. Ein Stück weiter zeigt das gewaltige Kraftwerk Lichterfelde am anderen Ufer, wozu der Teltowkanal eigentlich gut ist.

An der **Wismarer Straße** erinnert ein **Gedenkstein** an die Außenstelle des Konzentrationslagers Sachsenhausen, die sich hier befand.

Info

In der **Außenstelle des KZ Sachsenhausen** an der Wismarer Straße waren etwa 1500 Gefangene aus halb Europa eingesperrt. Die Nazis ließen sie in öffentlichen Einrichtungen und privaten Unternehmen der Umgebung zwangsweise schuften. Oder sie zwangen die Häftlinge, deren einzige „Schuld" in der „Nichterfüllung arischer Rasse-Normen" bestand, unter den Augen der Berliner nach Bombenangriffen aufzuräumen. Dass es viele nicht überlebten, war eingeplant.

Wir überqueren die Straße und fahren geradeaus **weiter am Ufer entlang**. Später wird der Weg zum **Pfad**; der bisher tief eingeschnittene Teltowkanal weitet sich und sieht zwischen seinen dicht bewachsenen Ufern richtig idyllisch aus. Das wuchernde Grün ist der einstigen Grenze zu verdanken, die der Kanal bildete: Auf der linken Seite liegt Brandenburg, rechts (West-)Berlin. Nun wächst die von der Mauer hinterlassene Narbe langsam zu.

Aus dem Pfad wird bald wieder ein **Asphaltweg**. Fast nichts erinnert mehr daran, dass wir uns noch immer in der Millionenstadt Berlin befinden.

Der notwendige Schlenker über den **Zehlendorfer Stichkanal** lässt sich am leichtesten finden, indem man den Uferweg bis zu seinem plötzlichen Ende fährt: Dann 50 Meter zurück, auf dem **Pflasterweg durch den Park** und **über die Brücke**. Es geht weiter am grünen Ufer entlang und oben (!) über die kreuzende Knesebeckbrücke. Dann ist der Weg wieder asphaltiert und führt über weite Wiesen.

An der **Sachtlebenstraße** ist damit leider Schluss. Wir müssen nach rechts **um das Firmengelände herum**. Dahinter fahren wir links in den nach **Kleinmachnow** beschilderten Weg. Nach wenigen hundert Metern sind wir im Ort – und damit im Lande Brandenburg. Der Weg trifft auf den Parkplatz des **Wohnstifts Augustinum**. Wir fahren einfach nach rechts über den Parkplatz und dann nach links in den **Erlenweg**. Das Sackgassenschild braucht uns nicht zu beunruhigen, denn das Sträßchen führt als **Brunnenweg** mit leichter Rechtskurve weiter. An seinem Ende fahren wir links und gleich wieder rechts.

So treffen wir auf den Thomas-Müntzer-Damm, den wir überqueren. Durch die **Max-Reimann-Straße** geht's geradeaus **zum Freibad Kiebitzberge** mitsamt Gasthaus nebenan. Wir fahren vor dem Eingang allerdings nach rechts in die **Fontanestraße**. An ihrem Ende geht es nach links in den **Zehlendorfer Damm**. Hier ist nach der Wende die feinere Berliner Gesellschaft hingezogen – zumal ihr oft von früher her Grundstücke gehörten: Kleinmachnow ist der Ort mit der höchsten Rückübertragungsquote – zum Kummer seiner langjährigen Bewohner.

An der Linkskurve der Hauptstraße geht es geradeaus zur **Hakeburg**. Das Tor steht meist offen; der Abstecher (hin und zurück auf demselben Weg) lohnt sich.

Info Allein der Blick von der Terrasse (Gastronomie nur am Wochenende) der **Hakeburg** zum Machnower See lohnt den Abstecher zu dem Anfang des 20. Jahrhunderts errichteten Wohnschloss des Gutsbesitzers Dietloff von Hake. In der DDR nutzte die Einheitspartei SED das auf dem Seeberg gelegene Gebäude als Gästehaus für eine Parteischule. Die Geschichte der Burg beginnt schon im 15. Jahrhundet, als hier die Zölle an den Handelsstraßen zwischen Spandau und Sachsen sowie zwischen Magdeburg, Potsdam und Polen eingetrieben wurden.

Der direkte Weg führt an der Hauptstraße weiter, **über die Kanalbrücke** (mit Blick auf Machnower See und Schleuse). Weiter auf dem **Zehlendorfer Damm** und rechts in die **Allee am Forsthaus**. Der Weg führt am Wasser entlang zur **Schleuse**, an der seit Jahren gebaut wird. Es lohnt sich, den gesamten Komplex beiderseits des Kanals anzuschauen.

Info

Der Ausbau der **Machnower Schleuse** ist Teil des von Umweltschützern scharf kritisierten Verkehrsprojektes Deutsche Einheit Nr.17, des Ausbaus einer Wasserstraße von Hannover nach Berlin für große Lastschiffe. Das Vorhaben ist zwar teilweise umgesetzt worden, aber nachdem nicht nur der Schiffsverkehr, sondern auch die Wasserstände um Berlin seit Jahren zurückgehen, wurden die weiteren Planungen im Jahr 2003 vorerst abgebrochen. Für den Berliner Wasserhaushalt wirkt die Machnower Schleuse – ebenso wie die Mühlendammschleuse an der Spree in Mitte – wie ein Stöpsel, der verhindert, dass die „Badewanne“ Müggelsee mangels Nachschub leer läuft.

Der direkte Weg führt auf dem **Schleusenweg** nach links. Wir bleiben also am Südufer. Dann rechts in die **Alte Potsdamer Landstraße** und später wieder rechts in den **Uferweg**. Der führt als sehr schmaler Pfad direkt am Kanal entlang. Mit schmalen Reifen ist er etwas mühsam zu fahren, dafür ist die Strecke besonders „authentisch“.

Am **Campingplatz** wird alles gut: Der Weg trifft auf eine Asphaltstraße namens **Kremnitz-Ufer** (benannt nach Ernst Kremnitz, einem Leiter der Kanalbauverwaltung) und führt erschütterungsfrei **nach Potsdam-Griebnitzsee**. Es geht nach rechts in die **Machnower Straße** und etwa 100 Meter danach links in den **Königsweg**. Am Straßenrand erinnert ein Holzkreuz an den erschossenen DDR-Flüchtling Willi Marzahn. Wir fahren geradeaus durch die **Bernhard-Beyer-Straße** und an der **Stahnsdorfer Straße** rechts über die **Bahnbrücke**. An der **August-Bebel-Straße** wieder rechts und kurz vor der Bahnbrücke noch einmal rechts in die **Prof.-Dr.-Hellmert-Straße**. Sie führt direkt zum Bahnhof Griebnitzsee.

16

Über die Glienicker Brücke zu Potsdams Schätzen

NEHMEN SIE DREI SCHLÖSSER MIT!

Eine königliche Multi-Kulti-Tour auf den Spuren von Norwegern, Italienern, Holländern – und Preußen.

Toureninfos *Karte S. 83*

km 18 km, verlängert: 27 km

START Bahnhof Wannsee

ZIEL Potsdam Hauptbahnhof, verlängert: Bahnhof Wannsee

Waldwege und Stadtstraßen, eine längere Steigung (Pfingstberg).

Besonders schön liegen die Wirtshäuser vor der Pfaueninsel, Moorlake und die Meierei im Neuen Garten. Etwas Besonderes ist die Russische Teestube (mit Garten) in der Alexandrowka, und den besten Weitblick gibt's am Forsthaus Nikolskoe.

An Wannsee und Havel gibt es auf Berliner Gebiet mehrere Badestellen. Am Neuen Garten (Weltkulturerbe!) ist es verpönt, ins Wasser zu springen, aber an seinem nordöstlichen Ende, nahe der Schwanenallee, gibt es eine Liegewiese samt Badestelle.

@ www.kongsnaes.de, www.spsg.de (Schlösserstiftung), www.kirche-nikolskoe.de, www.blockhaus-nikolskoe.de

Eine Fahrt mit dem Wikingerschiff von Kongsnaes über den Jungfernsee zur Heilandskirche nach Sacrow ist wohl die schönste Art, Pause zu machen.

Schon der Bahnhofsausgang am Wannsee klingt verheißungsvoll: „**Schiffsanlegestelle**" steht in der Unterführung geschrieben. So kön-

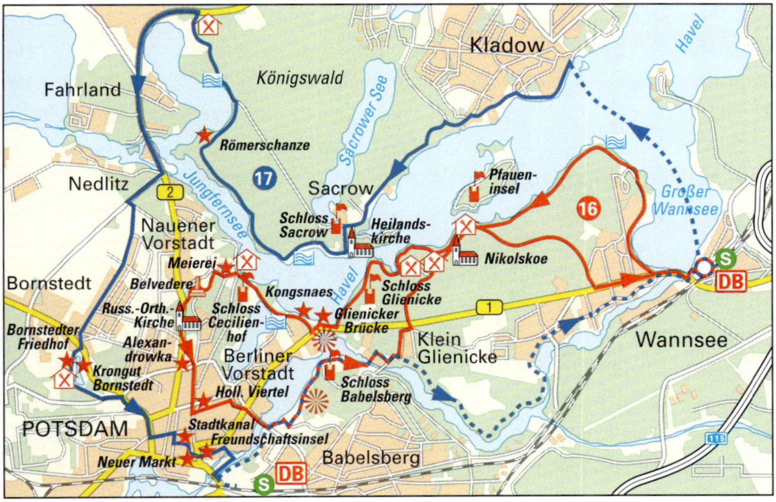
Kladow
Havel
Königswald
Fahrland
Sacrower See
Römerschanze
17
Nedlitz
Jungfernsee
Sacrow
Pfauen-
insel
16
Großer
Wannsee
Schloss
Sacrow
Heilands-
kirche
Nauener
Vorstadt
Nikolskoe
Meierei
Bornstedt
Belvedere
Kongsnaes
Havel
Schloss
Glienicke
Russ.-Orth.-
Kirche
Schloss
Cecilien-
hof
Glienicker
Brücke
Klein
Glienicke
Wannsee
Bornstedter
Friedhof
Alexan-
drowka
Berliner
Vorstadt
Krongut
Bornstedt
Schloss
Babelsberg
Holl. Viertel
POTSDAM
Stadtkanal
Freundschaftsinsel
Neuer Markt
Babelsberg
DB
S
1
2
115

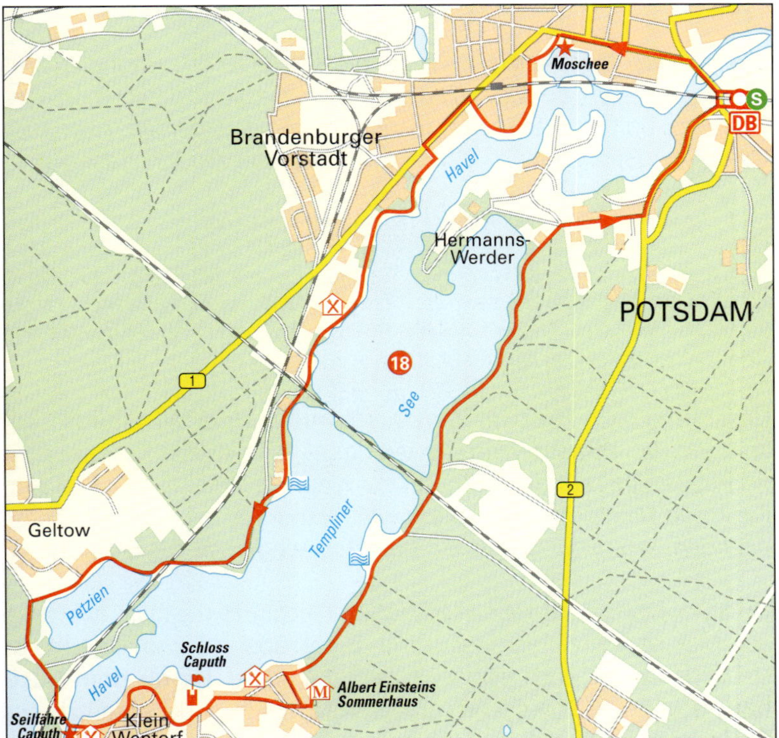
Moschee
S
DB
Brandenburger
Vorstadt
Havel
Hermanns-
Werder
POTSDAM
18
See
1
2
Geltow
Templiner
Petzien
Schloss
Caputh
Albert Einsteins
Sommerhaus
Havel
Seilfähre
Caputh
Klein
Wentorf

nen wir gleich vom oberen Ende der Treppe auf dem **Kronprinzessinnenweg** bergab rollen bis zur Ampel. Hier biegen wir rechts ab in die **Königstraße**. Sie ist der schnellste, aber nicht der schönste Weg nach Potsdam. Deshalb biegen wir nach einem halben Kilometer wieder rechts ab in die Straße **Am Großen Wannsee**. Auf der rechten Seite gibt es Bedeutendes zu sehen: Erst die (am Wochenende geöffnete) Sommervilla des Impressionisten Max Liebermann, die ab 2004 renoviert wird. Dann, ein paar Hausnummern weiter, das Haus der Wannsee-Konferenz, in dem die Nazigrößen im Januar 1942 die „Endlösung der Judenfrage" beschlossen. Das Grundstück und eine Ausstellung sind täglich von 10 bis 18 Uhr kostenlos zugänglich. Wer danach eine Stärkung braucht, bekommt sie an der Ecke im Restaurant „Sanssouci".

Vor dem Linksknick **am Ende der Straße** biegen wir nach rechts auf den **unbefestigten Fußweg** zum See ab. Am Ufer links; nun geht es am Wannsee und an der Havel entlang. Wir passieren mehrere Badestellen; das Wasser ist hier meist klarer als auf der anderen Seeseite.

Am Wirtshaus Zur Pfaueninsel können wir bei einer Erfrischung im Biergarten überlegen, ob wir die Fähre nehmen, die gleich dahinter abfährt. Allerdings darf auf der **Pfaueninsel** nicht geradelt werden. Aber auch ein Spaziergang lohnt sich, zumal es auf der Insel wirklich Pfauen gibt.

Info

Das weiße Schlösschen auf der **Pfaueninsel** wurde Ende des 18. Jahrhunderts für Friedrich Wilhelm II. schon als Ruine erbaut. Sie sollte in erster Linie schön aussehen – und zwar vom Neuen Garten aus, wenn der König übers Wasser schaute. Sein Sohn ließ die Insel zu einem Tier-Park mit Affen, Schafen, Kängurus umgestalten. Friedrich Wilhelm IV. überließ die meisten Tiere dem Berliner Zoo. Pfauen gibt es aber heute noch.

Unser Weg nach Potsdam führt gleich **hinter dem Wirtshaus** nach links auf den **Pflasterweg**. Ab jetzt gibt's eine eigene Radelspur. Eine Treppe führt auf das Hochufer zur Kirche St. Peter & Paul und zum Forsthaus Nikolskoe, aber sofern wir die Tour nicht schon in Potsdam beenden, sehen wir beides auf dem Rückweg noch aus der Nähe.

Ein Stück hinter einer kleinen Badestelle taucht das Gasthaus Moorlake auf. Man sitzt schön an dieser stillen Bucht, aber manchmal riecht das stehende Wasser auch ein wenig nach Moorlake. **Hinter dem Gasthaus** geht es rechts auf einen größeren Asphaltweg, der unterhalb des **Schlossparks Glienicke** am Wasser entlang führt.

Info

Das um 1825 vom Gutshaus zum spätklassizistischen **Schloss Glienicke** veredelte Gebäude trägt erkennbar die Handschrift von Karl Friedrich Schinkel. Auftraggeber war Prinz Carl von Preußen.

Bald ist vor uns die **Glienicker Brücke** zu sehen – eine Augenweide aus Stahl. Wir überqueren den zweifellos berühmtesten Übergang von West-Berlin nach Potsdam. Hinter der Brücke biegen wir halb rechts ab in die **Schwanenallee**, an der einst die Mauer verlief. Das rote Holzportal rechts gehört zur **Matrosenstation Kongsnaes**, einer skurrilen und kaum bekannten Potsdamer Sehenswürdigkeit. Geradeaus geht es weiter in den **Neuen Garten**, der das **Schloss Cecilienhof** umgibt. Werktags hat man das Weltkulturerbe oft fast für sich allein, und am Wochenende sind gemächlich fahrende Radler zumindest auf den breiten Wegen geduldet. Eine ideale Runde durch den Neuen Garten lässt sich kaum beschreiben. Nur so viel: Ein Abstecher (nach links) speziell zum Marmorpalais lohnt sich ebenso wie der Blick über den Heiligen See auf die zum Promi-Viertel aufgemotzte Berliner Vorstadt am anderen Ufer.

Info

„Der Spion, der aus der Kälte kam" – er kam über die **Glienicker Brücke**. Sowohl im Roman als auch in Wirklichkeit. Hier wurden während der deutschen Teilung Spione ausgetauscht. Sonst durften nur Militärs und Diplomaten durch. Die 1907 errichtete und 1945 schwer beschädigte Brücke dürfte das bekannteste Symbol der deutschen Teilung sein. 1988 durchbrachen drei Potsdamer mit einem Lastwagen die Grenze. Andere wurden beim Versuch getötet, durch die Havel nach West-Berlin zu gelangen. Der Blick von der Brücke auf Schloss Babelsberg und die Sacrower Heilandskirche verzauberte schon Alexander von Humboldt. Heute kann allein der ununterbrochene Autoverkehr das Erlebnis trüben.

Das Wort **„Kongsnaes"** ist Norwegisch und bedeutet: „Des Königs Landzunge". Der im Herbst 2000 auf Initiative eines Fördervereins neu aufgestellte Torbogen stammt tatsächlich aus einer norwegischen Tischlerei. Sein Original von 1896 geht auf einen Auftrag von Wilhelm II. zurück. Der Kaiser ließ vom norwegischen Architekt Holm Hansen Munthe einen Liegeplatz für die kaiserlichen Yachten errichten. Zum Ensemble gehörten das Empfangsgebäude (am Wasser, nur noch im Grundriss erkennbar) und die drei noch intakten Wohnhäuser auf der Landseite. An der Treppe zum Wasser stecken übrigens noch die Haken, an denen einst der Rote Teppich befestigt wurde. Der Fährmann des Wikingerschiffs weiß auch das daneben eingeritzte Kürzel „EK 86 I" zu deuten: Es soll von einem DDR-Grenzer stammen und bedeutet: Entlassungskandidat für Frühjahr 1986. Seit 2003 fährt das hölzerne Wikingerschiff „Kari" von Kongsnaes im Stundentakt zur Heilandskirche nach Sacrow.

Cecilienhof und Neuer Garten: Gebaut für Cecilie, die Frau des Kronprinzen Wilhelm, ist das ab 1913 im schottischen Stil errichtete Schloss erst durch die Potsdamer Konferenz bekannt geworden, auf der Truman, Churchill und Stalin über Deutschlands Schicksal nach dem Krieg verhandelten. Der Saal ist jetzt Museum, ansonsten beherbergt das nur scheinbar bescheidene Schloss (180 Zimmer!) ein Nobel-Hotel samt Restaurant. Kurios ist das im Stile einer Kajüte eingerichtete Kabinett der Kronprinzessin, das auch von außen an einer Art Bullauge erkennbar ist.

Auf jeden Fall sollte die Runde wieder auf den **Uferweg** am nördlichen Rand des Neuen Gartens führen, denn hier geht unsere Tour weiter: Am besten mit einer Stärkung auf der Terrasse der traumhaft gelegenen **Meierei** am Parkausgang. Hinter dem Portal fahren wir geradeaus in die **Große Weinmeisterstraße** und nach etwa 200 Metern **halb (!) rechts** bergauf in die Straße **Am Pfingstberg**. Vor der Kleingartenanlage biegen wir links ab und kurbeln uns **weiter den Pfingstberg hinauf**. Ein Kiesweg führt ganz nach oben – zum **Belvedere**. Selten ist Eintrittsgeld so gut angelegt wie hier.

Info

Die **Meierei im Neuen Garten:** Einst befand sich in dem 1790 bis 1792 von Andreas-Ludwig Krüger errichteten und gut 50 Jahre später von Ludwig Persius aufgestockten Bau die königliche Milchwirtschaft. Als Teil der Grenzanlagen verschwand sie nach 1961 aus dem öffentlichen Blick und verfiel. Aber seit der Renovierung 2003 kann man hier mit königlichem Seeblick zu volkstümlichen Preisen speisen.

Schon seit den 80er Jahren bemühten sich ein paar Potsdamer Bürger um die von Friedrich Wilhelm IV. im italienischen Stil angelegte Aussicht **Belvedere**. Aber gern gesehen wurden sie nicht: Das Belvedere bot freien Blick auf West-Berlin; am Fuße des Berges wohnten hauptsächlich KGB-Funktionäre. Erst um das Jahr 2000 herum konnten mehrere Teile saniert und wiedereröffnet werden. Den Großteil des Geldes gaben Stiftungen und Versandhaus-Gründer Werner Otto. Die Aussicht von den beiden Türmen ist traumhaft schön. Den nahen Pomona-Tempel entwarf übrigens Schinkel – als 19-Jähriger!

Bergab geht es, indem wir unmittelbar vor dem Gemäuer nach rechts auf die alte Asphaltstraße fahren. Wir brausen zur **Nedlitzer Straße** und biegen links ein. 200 Meter weiter empfiehlt sich der nächste Abstecher: zur **Russisch-orthodoxen Kirche**, die links schon von der Straße aus zu sehen ist. Ansonsten kreuzen wir die Straßenbahngleise und fahren geradeaus durch die **Russische Kolonie Alexandrowka**. Sie gleicht einer Mischung aus Park und Obstplantage – und an der Wegkreuzung mittendrin lädt eine Teestube zum Verweilen ein.

Info

Die **Russisch-Orthodoxe Kirche** mit ihren fünf Zwiebeltürmen ist dem russischen Großfürsten und Nationalheiligen Alexander Newski geweiht. Sie wurde eigens für die Bewohner der Alexandrowka errichtet. 1986 zog sogar ein russischer Erzpriester in das nahe Holzhaus.

Von den Türmen des Belvedere bietet sich Potsdams schönste Aussicht.

Die ersten 62 Bewohner der **Kolonie Alexandrowka** kamen als russische Kriegsgefangene nach Preußen. König Friedrich Wilhelm III., der ein Faible für Russland hatte, ließ ihnen 1826/27 die Siedlung im Stil eines bei St. Petersburg gelegenen Parkdorfes bauen. Dafür wurden die Männer zum Chor „umfunktioniert". Drei ihrer Nachfahren leben noch in der Siedlung, die 1999 zum Weltkulturerbe erklärt wurde.

Von Russland nach Holland sind es nur drei Radelminuten: Weiter geradeaus, durch die Friedrich-Ebert-Straße zum **Nauener Tor** und 100 Meter danach links die **Mittelstraße**. Wir sind im schönsten Teil des **Holländischen Viertels**. Auch die kreuzende Benkertstraße lohnt einen Blick.

Info

Holländisches Viertel: Friedrich Wilhelm I. holte ab 1732 niederländische Spezialisten nach Potsdam, um Flächen für die Stadterweiterung trocken legen zu lassen. In dem extra für sie geschaffenen Karree aus etwa 140 Häusern sollten sich die Holländer wie zu Hause fühlen. Doch nach getaner Arbeit reisten sie wieder ab. Stattdessen lockten die spartanisch konstruierten Backsteinhäuschen Kolonisten, pensionierte Soldaten, Lebens- und andere Künstler an. Die DDR wollte in den 70er Jahren das ganze Viertel abreißen, doch dann besann man sich eines Besseren und sanierte zumindest einige Vorderhäuser. Genaueres lässt sich im Museum in der Benkertstraße 3 (kreuzt die Mittelstraße) erfahren.

Dann geht's in Verlängerung der Mittelstraße in die **Leiblstraße**. An deren Ende rechts in die **Hans-Thoma-Straße**. Wir folgen ihrem Verlauf und kommen an eine große Ampelkreuzung. Hier beginnt die **Nuthestraße**, neben der wir geradeaus **über die Havel** fahren. Kurz hinter der Brücke zweigt ein Radweg rechts ab, der zurück zum Havelufer führt. Hier haben wir die **Wahl** – je nachdem, wie fit wir noch sind: Entweder wir fahren nur noch einen guten Kilometer **an der Havel entlang südwärts** bis zum **Hauptbahnhof** und steigen dort in die S-Bahn. Oder wir radeln auf wunderschönen Wegen wieder **zurück zum Wannsee**. In diesem Fall fahren wir **unter der Schnellstraßenbrücke durch**, dann führt der Weg um den **Park Babelsberg** herum: Erst müssen wir nach rechts. Am Ende des Zaunes geht's nach links in den **Schlosspark**. Dann wieder **ans Wasser**. Die Attraktionen – Schloss, Flatowturm und Maschinenhaus – oberhalb des breiten Hauptweges lassen sich am besten bei einem Spaziergang besichtigen. Speziell der Blick über das Maschinenhaus zur Glienicker Brücke ist umwerfend.

Info

Der Gartenarchitekt Lenné brachte den Prinzen Wilhelm (später Kaiser Wilhelm I.) und dessen Frau, Augusta von Sachsen-Weimar, auf die Idee, den Hang mit der grandiosen Aussicht zu gestalten. Doch während der Planungen kam es zu Zerwürfnissen, so dass Fürst Pückler-Muskau die Regie übernahm. Auch mit Schinkel, der ab 1833 das **Schloss Babelsberg** zum Park plante, wurde sich das Prinzenpaar nicht recht einig. Außerdem waren die Blaublüter knapp bei Kasse. 1835 wurde immerhin der erste Bauabschnitt fertiggestellt. Später arbeiteten Ludwig Persius und Johann Heinrich Strack an der Erweiterung des Schlosses im Stile englischer Neugotik.

Am Ende des Parks führt eine **schmale Brücke** nach links über die Glienicker Lake. Sofern wir nicht noch eine Pause in einem der beiden herrlich am Ufer gelegenen Biergärten einlegen wollen, biegen wir **hinter der Brücke rechts** ab in die **Waldmüllerstraße**. An deren Ende links **Am Böttcherberg hinauf** und **Am Waldrand** zur **Königstraße**. Der starke Autoverkehr soll uns nicht stören, denn gegenüber führt der ruhige **Nikolskoer Weg bergauf** in den Wald. Über die Vorfreude auf die anschließende Abfahrt zum Wannsee sollten wir keinesfalls das **Forsthaus Nikolskoe** links am Parkplatz verpassen. Das Wirtshaus sieht so russisch aus, wie es sein Name verspricht. Der Blick vom Biergarten über die Havel ist famos.

Info

Nikolskoe: Die Kirche St. Peter und Paul wurde 1834–1837 von Friedrich August Stüler und Albert Dietrich Schadow nach Entwürfen von Karl-Friedrich Schinkel errichtet. Bedeutend ist ihr Innenraum, der einzige original klassizistische Kirchenraum Berlins (geöffnet täglich von 11 bis 16 Uhr). Zu Ehren seines Schwiegersohnes, des späteren Zaren Nikolaus I., ließ Friedrich Wilhelm III. neben der Kirche ein Blockhaus im russischen Stil errichten. Die hier anfangs illegal vom russischen Kutscher der Prinzessin betriebene Kneipe ist inzwischen zu einem beliebten Ausflugslokal geworden.

Nach flotter Abfahrt landen wir wieder vor der **Pfaueninsel**. Am Parkplatz geht es entweder nach rechts in die für Autos gesperrte, hügelige **Pfaueninselchaussee** – **oder den Uferweg entlang** wie auf dem Hinweg. Beide Varianten treffen schließlich auf die **Königstraße**. Dort biegen wir einmal links ab, dann am **Kronprinzessinnenweg** noch einmal links – und schon sind wir wieder am Bahnhof Wannsee.

17

Über Sacrow in die Potsdamer Innenstadt

INS HERZ DER SCHÖNEN SCHWESTER

Die Preußenkönige haben Potsdam zu einer unvergleichlichen Perle gemacht. Und dank dem Aufschwung Ost strahlt die Pracht jetzt wieder in alter Frische.

Toureninfos *Karte S. 83*

km 24 km, verlängert: 36 km

START Bahnhof/Fähre Wannsee

ZIEL Potsdam Hauptbahnhof, verlängert: S-Bahnhof Wannsee

Teils Straßen, teils Waldwege. In Potsdam einige verkehrsreiche Abschnitte. Mehrere Steigungen.

Mehrere Biergärten in Alt-Kladow, ein Wirtshaus in Krampnitz, ein Biergarten im Krongut Bornstedt, dann große Auswahl an Restaurants in der Potsdamer City. Auf dem verlängerten Rückweg zwei Biergärten am Griebnitzsee.

Etwas nördlich von Bahnhof und Fähre (also nicht direkt am Weg) liegt das Strandbad Wannsee. Wilde Badestellen am Jungfernsee zwischen Sacrow und Neu-Fahrland sowie (auf dem verlängerten Rückweg) am Griebnitzsee.

@ www.potsdam.de, www.heilandskirche-sacrow.de

Werktags sind weniger Touristen unterwegs, aber montags sind einige Schlösser zu.

Diese Tour beginnt mit einer Bootspartie. Vom **Bahnhof Wannsee** sind es nur 300 Meter bis zum Fährsteg: einfach den **Kronprinzessinnen-**

weg bergab und kurz vor der Ampel rechts zurück auf die **Uferpromenade**. Die **Fähre** braucht gut 20 Minuten bis nach **Alt-Kladow**. Dort könnte man im Park oder einem der Biergärten gleich die erste Pause machen. Wir radeln **vom Fährsteg aus nach links** und die **Imchenallee** hinter dem Ufer entlang. An ihrem Ende geht es links in den **Sakrower Kirchweg**. Dort geht es kurz und kräftig bergauf. Am Ende des Weges nach links in die **Sakrower Landstraße**. In Sacrow wird daraus die **Kladower Straße**. Sie führt genau auf ein **Tor im Zaun** zu, durch das wir in den **Schlosspark** gelangen. Dort halten wir uns erst links und fahren (oder schieben) vor dem Schloss **geradeaus Richtung Wasser**. Am anderen Ufer sind die Glienicker Brücke und der Flatowturm zu sehen. Und wenige Meter links von uns steht traumhaft schön am Wasser die mediterran wirkende **Heilandskirche**.

Info

1841 kaufte König Friedrich Wilhelm IV. den Park **Sacrow** und machte das Gutshaus aus dem 18. Jahrhundert zum Schlösschen. Er ließ es klassizistisch umgestalten; Lenné gestaltete den Park dazu. 1938 zog der preußische Generalforstmeister ein, nach der deutschen Teilung dann die DDR-Zollverwaltung. Nach dem Mauerbau lag der gesamte Ort Sacrow im Sperrgebiet und war nur mit Passierschein erreichbar. Trotz einiger Zuzügler in der Nachbarschaft scheint der Flecken noch immer nicht ganz aus seinem Dornröschenschlaf erwacht.

Friedrich Wilhelm IV. lieferte die Skizzen zur **Heilandskirche**, sein Baumeister Ludwig Persius setzte sie um. Italienisch-mittelalterlich sollte es sein; die Glocke im frei stehenden Turm stammt aus dem Jahr 1406. Nach dem Mauerbau verliefen die Grenzanlagen direkt durch die Kirche. Zu Weihnachten 1961 fand der letzte Gottesdienst statt, dann durfte nicht einmal der Pfarrer mehr seine Kirche betreten. Das Inventar wurde größtenteils vernichtet. In den 80er Jahren wurde mit West-Berliner Geldern das Nötigste instand gesetzt. Seit der Wende bemüht sich ein Förderverein um die (montags geschlossene) Kirche.

Von der Kirche aus radeln wir auf dem **Uferweg westwärts**. Links von uns ist der Jungfernsee; durch eine Lücke zwischen den Bäumen sind das Marmorpalais und das Belvedere auf dem Pfingstberg zu sehen.

Durch ein **kleines Tor** führt der Weg aus dem Schlosspark hinaus. Wir halten uns links **in Ufernähe**. Auf der anderen Seite des klaren Sees ist die Meierei im Neuen Garten zu sehen. Der Weg ist schmal, aber dank **gelb-weißer Wanderwegmarkierung** unverwechselbar. Einmal schickt uns die Markierung scharf nach links. Hier führt der Weg auf einen Strand zu, von dem aus es nach rechts direkt am Ufer weitergeht. Wir nähern uns einem Sumpf, an dem wir entsprechend der Markierung scharf nach rechts in den Wald fahren müssen. An der gleich darauf auftauchenden Gabelung halten wir uns links, bis uns ein Schild auf die **„Römerschanze"** aufmerksam macht. Den direkten, sehr steilen Weg sollten wir uns und der Natur ersparen. Also fahren wir **am Schild und Geländer nach rechts**, entfernen uns vom See und radeln in **großem Bogen um die Römerschanze** herum: einfach am Rande des Sumpfes halten, hinter dem sich der Wall erhebt. Vor dem See folgen wir wieder der gelben Markierung.

Info

In der Bronzezeit von etwa 1000 bis 500 vor Christus diente die 19 Meter über den Lehnitzsee ragende **Römerschanze** als Befestigungsanlage. Vom 7. bis 12. Jahrhundert unserer Zeit war hier eine slawische Burg. Teilweise wird die Römerschanze auch Räuberschanze genannt; die gefundenen Spuren ließen zumindest nicht auf den Besuch eines Römers schließen. Ihre Ringform ist noch gut im Wald zu erkennen.

Das Brandenburger Tor von Potsdam, dahinter die St. Peter & Paul-Kirche.

Hinter einer kleinen Badestelle trifft der Weg auf eine **Asphaltstraße**. Sie führt an einer weiteren Badestelle vorbei, dann durch **Krampnitz** bis zur Bundesstraße 2. Vor der Einmündung verläuft ein **Radweg**, in den wir links einbiegen. An der Ampel fahren wir nach links in die **Ganghoferstraße** und an ihrem Ende geradeaus auf den beleuchteten **Waldweg**. Er trifft auf die B 2, die hier etwas trügerisch „**Am Wiesenrand**" heißt, aber immerhin einen Radweg hat.

Hinter der zweiten Brücke, am **Ortseingang von Potsdam**, biegen wir halb rechts ab in die **Amundsenstraße**. Wie durch einen Tunnel fahren wir unter den Kronen der mächtigen Platanen entlang, bis weite Felder den dunklen Wald ablösen. Hier geht es nach links in die Straße **Am Golfplatz** und nach 100 Metern – **Am Vogelherd** – rechts. Später heißt die Straße **Kirschallee** und führt nahe dem für die Bundesgartenschau 2001 angelegten BUGA-Park entlang: Er erstreckt sich links von uns, hinter den Häuserreihen.

An der Ampel vor dem Ende der Kirschallee fahren wir noch geradeaus. Dann aber rechts in die querende Hauptstraße und schon nach wenigen Metern links in die **Ribbeckstraße**. Hinter der Kirche beginnt der berühmte **Bornstedter Friedhof** und auf der anderen Seite eine von Potsdams neuesten Attraktionen: das **Krongut Bornstedt**.

Info

„Was in Sanssouci stirbt, das wird in Bornstedt begraben", schrieb Fontane. Auf dem **Bornstedter Friedhof** liegen jene, die Potsdam geprägt haben: Der Gartenarchitekt Peter Joseph Lenné, die Baumeister Friedrich Ludwig Persius und Heinrich-Ludwig Manger, der Müller von Sanssouci, der Privatsekretär Friedrichs II. sowie Maler, Wissenschaftler und adlige Edelleute.

Friedrich Wilhelm IV., unübersehbar ein Italien-Fan, ließ das **Krongut Bornstedt** 1846 an dem kleinen Bornstedter See nach einem Brand neu errichten und zu einem romantischen Gesamtkunstwerk ausbauen, das von Sanssouci über den Ruinenberg bis hierher reichte. Im Juni 2002 wurde das Krongut nach großer Instandsetzung wiedereröffnet und beherbergt jetzt allerlei Handwerksbetriebe wie Hofbäckerei und Glashütte. Entsprechend interessant ist der Ausflug – auch für Kinder.

Die Ribbeckstraße trifft auf die **Maulbeerallee** und führt nach links weiter nach **Sanssouci**. Muss man dazu noch etwas sagen? Gut, so viel: Erst taucht die Orangerie auf, dann die Historische Mühle, und wenn links in der Ferne der Ruinenberg zu sehen ist, befinden wir uns genau auf Höhe des weltberühmten Schlosses. Hier kann man getrost einen halben Tag verbringen. Oder man hebt sich das Highlight für eine andere Gelegenheit auf, denn auch auf dieser Tour gibt's noch viel zu sehen.

Von der Maulbeerallee geht es an der Ampel halb rechts in die **Schopenhauerstraße** und geradeaus weiter bis zum **Luisenplatz**. Hier, am **Brandenburger Tor**, wechseln wir die Straßenseite und verlassen den Platz nach hinten links in die Nebenstraße. Gleich darauf geht's an der **Charlottenstraße** wieder nach links. An der nächsten Ampel rechts in die **Dortustraße**. Dann links in die **Yorckstraße** mit dem historischen **Stadtkanal**. Von hier biegen wir rechts ab in die kleine **Siefertstraße**, die zum wunderschönen **Neuen Markt** führt.

Info

Über 200 Jahre diente der gut 1,5 Kilometer lange **Stadtkanal** als Schifffahrtsweg von der Havel in die Innenstadt. Dann war er 40 Jahre weg, bevor er zur Bundesgartenschau 2001 teilweise wieder freigelegt wurde. Die DDR-Verwaltung hatte ihn zuschütten lassen, weil er für die Schifferei nicht mehr gebraucht wurde und das Wasser manchmal arg stank. An seinen weiteren Verlauf erinnert die östliche Verlängerung der Yorckstraße: „Am Kanal" steht auf den Straßenschildern.

Rundum saniert, gilt der **Neue Markt** vielen als schönster Platz von Potsdam. Auch die beiden Restaurants haben einen hervorragenden Ruf. Als letzter Teil des ruhig gelegenen Ensembles wurde der königliche Kutschpferdestall von 1789 renoviert und als „Haus der Brandenburgisch-Deutschen Geschichte" (montags geschlossen) wiedereröffnet.

An seinem Ende biegen wir rechts ab und fahren auf die rot getünchte Rückseite des Filmmuseums samt Friedrich-Wilhelm-Denkmal zu. Hier geht es nach links in die kleine **Schloßstraße**. Nun ist vor uns schon der **Alte Markt** mit Rathaus, Fortunaportal und Nikolaikirche zu sehen. Um hinzukommen, überqueren wir die Friedrich-Ebert-Straße an der Ampel rechts von uns.

Info

Das im Jahr 2002 mit privaten Spenden – vor allem des TV-Moderators und Neu-Potsdamers Günther Jauch – wiedererrichtete Fortunaportal auf dem **Alten Markt** markiert den Eingang zum im Krieg beschädigten und 1960 abgerissenen Schloss. Seit dem brutal-sozialistischen Stadtumbau führt die Hauptstraße dahinter mitten durch den ehemaligen Schlosshof. Ein Wiederaufbau scheitert auf absehbare Zeit am Geldmangel. Die von Schinkel entworfene St. Nikolai-Kirche beeindruckt vor allem mit ihrer gigantischen Kuppel. Im runden Turm des alten Rathauses war einst das städtische Gefängnis untergebracht.

Wenn wir alles gesehen haben, fahren wir am Knobelsdorff-Haus (rechts neben dem Rathaus) vorbei **Richtung Havelufer**. Der **Uferweg** führt zur **Freundschaftsinsel**: einfach nach rechts **über die Brücke**. Dahinter fahren wir wieder nach rechts. Außerhalb der Umzäunung darf geradelt werden; der eigentliche Garten lässt sich ohnehin besser zu Fuß bestaunen.

Info

Die **Freundschaftsinsel** wurde zur Bundesgartenschau 2001 wieder hergerichtet. Ihre Gestaltung wurde maßgeblich vom Landschaftsarchitekten Karl Foerster geprägt, der auf der einst mit Kleingärten übersäten Insel nach 1930 einen „Staudenschau- und Sichtungsgarten" anlegte. In den 50er und 70er Jahren wurde die 6,5 Hektar große Treibsand-Insel weiter umgestaltet. Der Name „Freundschaftsinsel" klingt zwar nach DDR, wurde aber schon um 1840 von einem Tabakhändler und Kleingärtner geprägt.

Über eine große Wiese kommen wir zur **Langen Brücke**. Der Autoverkehr soll uns nicht weiter stören, denn der **Hauptbahnhof** ist nur ein paar Meter links von uns. Hier können wir die Tour beenden. Oder wir fahren auf ruhigen und reizvollen Wegen wieder zum Bahnhof Wannsee zurück. In diesem Fall biegen wir auf den Uferweg zwischen Langer Brücke und Bahnhofspassagen ein und fahren an der Havel entlang zum **Schlosspark Babelsberg**. Dort halten wir uns weiter in Wassernähe und fahren unterhalb des Schlosses durch den Park. An dessen Ende führt eine schmale Brücke nach links über die Glienicker Lake. An der Ampel dahinter biegen wir rechts ab in die **Altmüllerstraße**. Diese geht nach links in die **Wannseestraße** über. Gut 50 Meter weiter rechts in die **Griebnitzstraße**, an der Schranke vorbei und auf den **Uferweg**.

Der Weg führt an mehreren kleinen Badestellen vorbei und schwingt sich dann hoch über das Ufer. Später trifft er auf einen **größeren Weg**, den wir nach rechts nehmen. Hier gibt es wieder zwei Biergärten; wir fahren geradeaus in den **Stölpchenweg**. Dieser trifft auf die **Glienicker Straße**. 200 Meter weiter kreuzt die Kohlhasenbrücker Straße. Wir überqueren sie und fahren die **Chausseestraße** weiter. Nach 150 Metern rechts in die **Alsenstraße**, die später **Am Kleinen Wannsee** heißt. Dieser Straße folgen wir bis zu ihrem Ende. Dann halb rechts auf die **Königstraße**. Von der Brücke aus ist der Kleine Wannsee gut zu sehen. Etwa 300 Meter dahinter geht es an der Ampel nach links in den **Kronprinzessinnenweg** und zum **Bahnhof Wannsee**.

18

Um den Templiner See von Potsdam nach Caputh

EINE MOSCHEE UND RELATIV VIEL WASSER

Diese Tour führt von Potsdams skurrilstem Baudenkmal zu einer Fähre, an der mal jemand mächtig baden ging. Und zum Sommerhaus von Albert Einstein.

Toureninfos *Karte S. 83*

km 21 km

START Potsdam Hauptbahnhof

ZIEL Potsdam Hauptbahnhof

Teils Straßen, teils gut befahrbare Rad- und Parkwege.

Ein Café am Templiner See vor dem Ortsausgang Potsdam. Mehrere Lokale an der Fähre und im Ort Caputh. Noch größer wird die Auswahl bei einem kleinen Umweg in die Potsdamer City.

Mehrere Möglichkeiten am südlichen Teil des Templiner Sees. Der Rückweg führt direkt an einem offiziellen Freibad vorbei.

@ www.einstein-website.de/caputh.htm
www.technikmuseen.de/potsdam_moschee/

Informieren Sie sich vorab, wann Moschee und Einsteinhaus gerade besichtigt werden können. Und halten Sie Kleingeld für die Fähre bereit.

Der lange Weg durch die Bahnhofspassage verlockt zum Radeln, aber Hausordnung und Wachschützer sind unerbittlich. Also schieben wir zum **Ausgang Lange Brücke** und starten geradeaus über die Ampel. Zwischen den beiden Havelarmen liegt die Freundschaftsinsel, die einen Abstecher lohnt – aber das ist eine andere Geschichte (nämlich Tour 17).

An der Ampel hinter der Brücke folgen wir dem **Radel-Wegweiser nach Geltow und Sanssouci**, biegen also links in die **Breite Straße** ein. An der Ecke steht das ansehnliche Filmmuseum; danach geht's zwischen Plattenbauten entlang. Das Minarett links hinter den Hochhäusern ist übrigens keine Fata Morgana, sondern gehört zur **Moschee**. Dorthin gelangen wir, indem wir an der Zeppelinstraße vor den Straßenbahnschienen **über die Ampel** und die wenigen Meter **zurück zur Moschee** fahren.

Info

Die **Moschee** wurde als Dampfmaschinenhaus für den Betrieb der Fontänen im Schlosspark von Sanssouci 1840–43 von Ludwig Persius gebaut. Sie wirkt nicht nur von außen maurisch, sondern ähnelt auch innen den Verzierungen der weltberühmten Alhambra in Südspanien. Die damals größte Dampfmaschine Deutschlands (81,4 PS), von den Borsig-Werken geliefert, pumpte das Wasser in ein Becken auf dem Ruinenberg, von wo es die Springbrunnen speiste. 1937 wurden die Dampfmaschinen durch elektrische Pumpen ersetzt. Inzwischen dient das von der Moschee gespeiste Wasserbecken nicht nur dem Betrieb der Fontänen, sondern auch der Bewässerung der Parks. In einer der beiden Pumpenkammern ist ein kleines Museum eingerichtet.

Direkt neben dem skurrilen Gebäude beginnt ein Radweg (**Ausschilderung: R1/F1**), der zwischen Plattenbauten und Wasser entlang führt und dann auf die Straße **Auf dem Kiewitt** trifft. Auf dieser fahren wir unter der **Bahnbrücke** durch und gelangen wieder auf den **Uferweg**. Von hier schippert übrigens eine Fähre zur Insel Hermannswerder. Wir fahren durch den Park, bis der Weg auf die **Zeppelinstraße** trifft. Dort folgen wir der R1-Beschilderung nach links.

An der **Kastanienallee** verlässt der R1 die Straße wieder Richtung Wasser. Dort geht es rechts am Ufer weiter, dann in einem Bogen **um ein Privatgelände und durch ein Tor** wieder zurück zum Wasser. Die gewaltigen Neubauten hinter dem Sportplatz beherbergen ein Schulungszentrum für Banker. Dort halten wir uns links in **Seenähe**, fahren durch den **Bahntunnel** und dahinter wieder **links zum Ufer**. Die Badestellen in dieser Gegend sind zwar klein, aber dafür auch nicht so überlaufen wie anderswo.

Der Uferweg trifft auf ein Asphaltsträßchen und führt dann um den **Campingplatz** herum. Hier ist der so genannte Europa-Radweg R 1 ganz mutig nach Calais ausgeschildert. Hinter dem Campingplatz geht es asphaltiert weiter **an der Havel entlang**. Jenseits der **Bahnschranke** links, dann führt der Weg **am Petzinsee entlang**.

Die Straße mündet auf eine **Allee mit Radweg**. Wir biegen links ein und halten uns an der **Gabelung** wieder links. Eine **Brücke** führt über den ebenso grünen wie dunklen Wentorfgraben. Dahinter beginnt **Caputh**; die Straße endet an der **Fähre**, die an Sommerwochenenden unentwegt das kurze Stück über die „Caputher Gemünde" hin und her schippert. Auch wir setzen über.

Info

Vor allem Touristen schauen der **Seilfähre Caputh** gern auf ihrem kurzen Weg zu. In den 90er Jahren steuerte hier bei Dunkelheit ein forscher BMW-Fahrer seine Luxuslimousine in den See – das Navigationssystem hatte statt der Fähre eine Brücke ausgewiesen. Das Schiff war gerade am anderen Ufer. Der BMW-Fahrer wurde zwar nass, aber nicht verletzt. Sein teures Auto war Schrott. Und im Winter 2003/04 rutschte ein Autofahrer vorn über die Fähre und fiel ebenfalls ins Wasser.

Rings um die Fähre laden allerlei Cafés und Biergärten zur Pause ein. An der **Gabelung** fahren wir links in die **Straße der Einheit** und gleich darauf wieder links in die **Weberstraße**. Links an der Hauptstraße taucht wenig später der Park mit dem bemerkenswerten **Schloss** auf.

Info

Schloss Caputh: Der bis 1998 restaurierte Prachtbau ist weit über 300 Jahre alt. Erbaut hat ihn Philipp de Chieze, Generalquartiermeister des Großen Kurfürsten Friedrich Wilhelm. Ab 1673 wohnte Kurfürstin Dorothea im Schloss. Nach deren Tod bekam es Sophie Charlotte geschenkt. Die im Stil des frühen 18. Jahrhunderts ausgestatteten Zimmer können besichtigt werden. Der Garten stammt in seiner heutigen Anlage – natürlich – von Peter Joseph Lenné.

Hinter dem Schlosspark kommen wir bei Bedarf noch einmal zum Wasser; ansonsten fahren wir auf der Lindenstraße weiter durch den Ort. Um zum Sommerhaus von Albert Einstein zu gelangen, folgen wir der **Lindenstraße** einfach weiter – sie zweigt leicht rechts von der Hauptstraße ab und führt dann bergauf. An der nächsten Kreuzung etwas links und die **Rosenstraße bergauf** bis zum Ende. Noch ein paar Meter nach links **Am Waldrand** entlang, dann sind wir da: Das 1929 erbaute **Sommerhaus der Familie Einstein** sieht mit seinem rotbraunen Anstrich und den weißen Fensterläden recht skandinavisch aus. Leider ist das Grundstück meist verschlossen.

Info

Albert Einsteins Sommerhaus: Vier Jahre lang, bis zu seiner Emigration 1933, verbrachte der berühmte Physiker mit seiner Familie in dem schwedisch anmutenden Holzhaus die Sommer. Wegen Bauschäden ist es 2000 geschlossen worden, aber geführte Besichtigungen sind samstags, sonntags und feiertags von 13 bis 16 Uhr möglich. Sogar Einsteins Familienfotos an den Wänden hängen noch. Ab 2004 soll das Haus saniert werden.

Um nicht im Sand stecken zu bleiben, fahren wir **Am Waldrand zurück**, rechts die **Rosenstraße hinab** und noch einmal rechts auf die **Waldstraße**. Wieder an der Hauptstraße, geht es rechts weiter nach **Potsdam**. Am Ortsausgang beginnt ein **Radweg**; durch die Bäume glitzert der Templiner See. Bei gutem Wetter empfiehlt sich ein Stopp am Strandbad.

An der Ampel biegen wir links ab auf den Radweg entlang der **Michendorfer Chaussee**. Diese Ecke von Potsdam ist nicht gerade reizvoll, aber es gibt keine Alternative. Und nach einem Kilometer haben wir es ohnehin überstanden: Hinter der großen Ampelkreuzung taucht der **Hauptbahnhof** auf.

Die Orangerie an der Breiten Straße beherbergt jetzt das Filmmuseum.

19

Von Spandau ins Dorf Schönwalde und an der Havel zurück

TIEF IM WESTEN

Spandau ist zwar von Berlin aus gesehen ziemlich weit draußen. Aber dank der Wende endlich wieder ausgesprochen schön gelegen.

Toureninfos *Karte S. 102*

km 23 km, verlängert: 38 km

START Bahnhof Spandau

ZIEL S-Bahnhof Hennigsdorf, verlängert: Bahnhof Spandau

Meist gut befahrbare Straßen und Wege. Hinter Dorf Schönwalde holpert es ein bisschen. Der sehr sandige Weg nach Hennigsdorf sollte eigentlich schon im Jahr 2003 asphaltiert werden. Daraus wurde nichts, aber es lässt hoffen.

In Spandau z. B. ein Biergarten am Speckteweg hinter der Unnaer Straße. Im „Lindenhof" in Dorf Schönwalde (vor der Kirche rechts) isst man preiswert und gemütlich im Schatten hoher Bäume. Je näher man dem Ende der Strecke kommt, desto größer wird die Auswahl an Gasthäusern.

Zum Beispiel die „Bürgerablage" zwischen Nieder Neuendorf und Spandau.

@ www.bike-berlin-copenhagen.com, www.spandau.de

Die Tour lässt sich auch mit einem Start erst in Hennigsdorf gut fahren, zumal die Strecke im zweiten Teil besonders reizvoll ist.

Der Bahnhof Spandau wirkt zu groß für einen normalen S-Bahn-Zug. Aber der Neubau aus den 90er Jahren soll auch Doppel-ICE-Zügen Platz bieten. Wir verlassen ihn am **Ausgang Seegefelder Straße** und starten auf selbiger stadtauswärts. Vor dem Supermarkt fahren wir nach rechts in die **Borkzeile**. Dann links in die Straße **An der Kappe**.

Am für Autos gesperrten **Netphener Weg** rauscht man leicht vorbei, obwohl er ausgeschildert ist. Wir biegen rechts ein. Nach 200 Metern wird der Radweg zur Straße. Hier fahren wir links in den **Spekteweg**. Hinter dem Bahngleis halb links, dann zwischen See und Gärten auf dem Asphaltweg **am Großen Spektesee entlang**. Dahinter geht es unter der Brücke durch und weiter durchs Grüne.

Das nächste Wässerchen ist die **Spektelake**. Vor dem Ufer fahren wir rechts **über die Holzbrücke** und gleich dahinter wieder links auf den **Kiesweg**. Das Wasser ist links von uns. Später trifft der Weg auf die Falkenseer Chaussee, die wir geradeaus überqueren. Der Weg durch die **Kleingartenanlage** endet nach 200 Metern an einer Gabelung. Wir fahren nach links. Den Gärten folgt ein wild wuchernder Grünstreifen: Hier stand die Mauer. Auf der Brandenburger Seite geht es geradeaus weiter auf der **Calvinstraße**.

An der **Pestalozzistraße** fahren wir nach rechts und folgen dem Hauptstraßenverlauf zur **Fröbelstraße**. An deren Ende fahren wir nach **rechts in die Haydnallee**. Nach knapp zwei Kilometern geht es **rechts in die Wagnerallee**, die nach gut 100 Metern am Waldrand endet. Wir fahren halb rechts in den **namenlosen Waldweg**. Später geht es über freies Feld nach **Schönwalde Siedlung**. Vor den ersten Häusern führt eine kleine Brücke über den Nieder-Neuendorfer Kanal. Am Ende des Weges fahren wir nach links in die (hier nicht beschilderte) Brandenburgische Straße.

An der **Strandallee** biegen wir rechts ab. Später heißt sie **Gotenweg** und ist bis zu ihrem Ende an der Fehrbelliner Straße asphaltiert. Dort fahren wir nach **links auf den Radweg**. Vor der großen Kreuzung überqueren wir die Fehrbelliner Straße und fahren über den Havelkanal **Richtung Schönwalde**.

An der Fußgängerampel biegen wir nach links in die **Dorfstraße** zum Dorf Schönwalde ab. Empfehlenswert für eine Mittagspause ist das Gasthaus „Lindenhof": Vor der Kirche 300 Meter nach rechts durch die Bötzowstraße. Die Tour führt aber ab der Kirche noch einen Kilometer auf der Dorfstraße weiter geradeaus.

An dem **mit blauem Punkt markierten Wanderweg** verlassen wir die Straße nach rechts Richtung Hennigsdorf. Der Weg trifft auf die **Landstraße**, die wir nach links nehmen **bis zum Beginn der Leitplanke** nach einem Kilometer. **Vor der Planke** verlassen wir die Straße nach rechts. Der **Feldweg** wird zum Waldweg und ist bei Trockenheit sehr sandig. Kleiner Trost: Die Asphaltierung ist geplant, und zwischendurch verläuft rechts daneben ein besser befahrbarer Pfad parallel.

In **Hennigsdorf** rollen wir auf ausgezeichnetem Asphalt den **Bötzower Weg** entlang. Am Rondell fahren wir geradeaus auf den **Kiesweg Richtung Bahnhof**. Der Havelplatz ist Fußgängerzone, so dass wir vor ihm nach rechts in die **Fontanestraße** fahren. 100 Meter weiter geht es nach links in die **Heinestraße**. Zum S-Bahnhof geht es nach links durch die **Rathenaustraße** und dann rechts zu den Gleisen.

Weiter geht es **durch die Unterführung** und dann rechts an den Wohnblocks vorbei in den alten Ortskern von Hennigsdorf: Rechts steht das Rathaus, links die hübsche **Backsteinkirche**.

Info

Die aus gelblichen Ziegeln errichtete **Martin-Luther-Kirche im alten Hennigsdorfer Ortskern** stammt von 1855. König Friedrich Wilhelm IV. und sein Baumeister Friedrich August Stüler ließen kleinere Umbauten vornehmen. Die Sakristei auf der Ostseite wurde 1924 angebaut und der Turm nach dem 2. Weltkrieg neu errichtet.

Dahinter fahren wir nach rechts auf die Hauptstraße, unter der **Bahnbrücke** durch und geradeaus weiter auf der Spandauer Allee. Die Schilder verraten es: Jetzt rollen wir auf dem **Radweg Berlin-Kopenhagen** entlang. Hinter der Brücke über den Havelkanal folgen wir dem Pfeil nach links ans **Ufer der Havel**. Ab hier folgt der Weg wieder dem Mauerverlauf; am anderen Ufer liegt Berlin-Heiligensee.

Info

Der 628 Kilometer lange **Radweg Berlin-Kopenhagen** ist ein Gemeinschaftsprojekt deutscher und dänischer Tourismusverbände. Er führt von Berlin-Spandau über Oranienburg zur Müritz und weiter über Güstrow nach Rostock. Von hier geht es mit der Fähre nach Gedser und über die dänischen Inseln ins Zentrum von Kopenhagen. Bei der Eröffnung 2002 war er in Brandenburg und Mecklenburg-Vorpommern schon gut ausgebaut. Nur Berlin hing hinterher.

Zwischen Gärten und neuen Einfamilienhäusern taucht rechts plötzlich der alte **Grenzwachturm** auf – der einzige, den es auf Brandenburger Gebiet noch gibt.

Info

Grenzturm Nieder Neuendorf: Der letzte heute noch erhaltene Grenzturm auf Brandenburger Gebiet zeigt neben der Originaleinrichtung auch die technische Ausrüstung der Grenztruppen. Sogar ein Modell-Grenzer sitzt im Obergeschoss (nur über Leitern erreichbar) auf seinem Posten und hält Ausschau nach

(West-)Berlin. Alte Fotos zeigen, wie das Dorf bis 1989 eingemauert war. Im Sommer ist der Turm dienstags, donnerstags, freitags und sonntags von 10 bis 18 Uhr, mittwochs und samstags von 14 bis 18 Uhr zugänglich.

Gleich hinter der Berliner Stadtgrenze gibt es einen Biergarten und einen Strand namens „**Bürgerablage**". Der Weg macht einen Bogen um den Strand und führt dann wieder ans Ufer. Nicht mal einen Kilometer weiter, am **Campingplatz**, tut sich die nächste kleine Bürgerablage auf. An der Gabelung hinter dem Campingplatz halten wir uns links, fahren **über eine Brücke** und weiter, bis der Weg endet.

Nun fahren wir nach **rechts aufs Aalemannufer** und vor bis zur **Nieder-Neuendorfer Allee**. In diese nach links. Bald taucht rechts eine schicke Wohnanlage auf: die **JVA Hakenfelde**, in die schon prominente Delinquenten einquartiert worden sind.

Info

In der für den offenen Vollzug errichteten Luxus-Strafanstalt, der **JVA Hakenfelde**, saßen schon die für den Schießbefehl an der Mauer mitverantwortlichen DDR-Politiker Günther Schabowski und Egon Krenz ein, Ersterer für etwa ein dreiviertel Jahr bis zu seiner Begnadigung, Letzterer nur für eineinhalb Wochen, bevor er „aus Sicherheitsgründen" nach Plötzensee verlegt wurde. Zu Weihnachten 2003 kam Krenz frei.

In die **Cautiusstraße** biegen wir rechts ein und fahren dann nach links in den **Schnepfenreuther Weg**. An seinem Ende geht es nach rechts auf den **Hohenzollernring** und 200 Meter weiter nach links in die Straße **Fehrbelliner Tor**. Nach weiteren 200 Metern fahren wir halb rechts in die **Fehrbelliner Straße**. Ihr letzter Teil ist verkehrsberuhigt und nur auf dem Gehweg passierbar. Es geht weiter geradeaus, über die Hügelschanze. Dahinter beginnt wieder eine richtige Straße, die **Falkenhagener**. In diese fahren wir nach links. Am **Bismarckplatz** geht sie in die **Feldstraße** über und trifft dann auf die **Ecke Schönwalder/Neuendorfer Straße**. Wir fahren **halb rechts** und sehen vor uns schon die Nikolaikirche in der Spandauer Altstadt. Am Kreisverkehr überqueren wir den Falkenseer Damm und fahren auf dem **Altstädter Ring** geradeaus bis zum Bahnhof. Wer vor der Heimfahrt noch Kraft hat, sollte sich unbedingt noch in der Altstadt umschauen. Eine schlechte Nachricht: Sie ist eine Fußgängerzone. Und drei gute Nachrichten: Es ist schön ruhig hier, verlaufen kann man sich dank hoch aufragender Türme an Kirche und Rathaus kaum, und man ist auch schiebender Weise schnell durch. Spandau ist eben doch nicht Berlin, sondern ein Städtchen für sich.

20

Von Oranienburg zum Privatdorf Sommerswalde und durchs weite Havelland zurück

PARLAMENT DER BÄUME

Der Reichstag steht neben dem Roten Rathaus. Und beide verstecken sich mitten im Wald.

Toureninfos *Karte S. 106*

km 45 km

START Bahnhof Oranienburg

ZIEL Bahnhof Oranienburg

Mehrfacher Wechsel aus unterschiedlich guten Straßen und Radwegen mit teilweise sandigen und etwas holprigen Naturwegen.

Große Auswahl in Oranienburg. Wer gern mit Weitblick speist, sollte das einsam gelegene Gasthaus zwischen Sommerfeld und Hohenbruch vorziehen.

T.U.R.M Erlebniscity Oranienburg, ein Sportzentrum mit Badelandschaft in der André-Pican-Straße, etwa 800 Meter vom Bahnhof entfernt.

@ www.oranienburg.de, www.spsg.de (Schlösserstiftung), www.schwante.de/schloesser.htm

Möglichst nicht nach wochenlanger Trockenheit fahren, weil manche Wege dann sehr sandig werden. Schauerwetter ist ebenfalls schlecht, weil es kaum Unterstellmöglichkeiten gibt.

Oranienburg, erste Station aller Autofahrer von Berlin auf dem Weg zur Insel Rügen, ist sympathischer geworden, seit 2003 die Umgehungsstraße eröffnet wurde. Vom Bahnhof starten wir auf der parallel zu den Gleisen verlaufenden **Stralsunder Straße**. Nach 300 Metern biegen wir an der Ampel links ab in die **Bernauer Straße**. Rechts hinter der Brücke über den Kanal ist das sehenswerte **Schloss** samt Park und Museum.

Info

Das barocke **Wasserschloss Oranienburg**, ursprünglich Mitte des 17. Jahrhunderts errichtet, zeigt sich nach starken Beschädigungen im Zweiten Weltkrieg heute wieder prächtig hergerichtet. Im Jahr 2001 eröffneten hier Schloss- und Kreismuseum. Neben Gobelins und Porzellan ist eine bedeutende Gemäldesammlung niederländischer Künstler zu sehen. Von April bis Oktober sind die Museen von 10 Uhr bis 18 Uhr geöffnet (außer montags), in den Wintermonaten nur am Wochenende von 10 bis 17 Uhr.

Am Schloss biegen wir halb rechts in die **Bundesstraße 273** ein, nach 400 Metern beginnt ein Radweg. An den beiden **Kreisverkehren** fahren wir jeweils rechts. Allmählich wird es um die Straße (**Germendorfer Allee**) etwas grüner. Am Radel-Wegweiser nach Germendorf biegen wir links ab in den **Mittelweg**, nach 300 Metern rechts in den **Nordweg**, nach weiteren 300 Metern wieder rechts in den **Birkenweg**. An der neuen Kreuzung beginnt links ein **Radweg nach Germendorf**.

Wir fahren durch den Ort bis zur **Ampelkreuzung**. Dort biegen wir rechts und sofort danach halb rechts auf die neu gemachte Nebenstraße ab. Diese **Verbundpflasterstraße** mündet nach einem knappen Kilometer auf die Hauptstraße (**Hohenbrucher Straße**). Wir biegen links ein – und verlassen die Straße schon nach wenigen Metern wieder, indem wir vor dem ersten Haus scharf rechts in den **Waldweg** fahren. Der Weg verläuft ein Stück parallel zur alten Bahntrasse und ist etwas sandig. Wir folgen dem Waldweg, bis wir eine kleine Asphaltstraße erreichen. Auf diese biegen wir links ein.

Nach knapp zwei Kilometern tut sich rechts ein kurioser Anblick auf: Zwei herrschaftliche Gebäude, die dem Berliner **Reichstag** und dem **Roten Rathaus** frappierend ähneln. Vor allem am „Reichstag" blättert die weiße Farbe, aber eine kleine Runde durch den Park ist Pflicht. „Selbstversorgern" sei der ruhige Ort für eine Pause empfohlen.

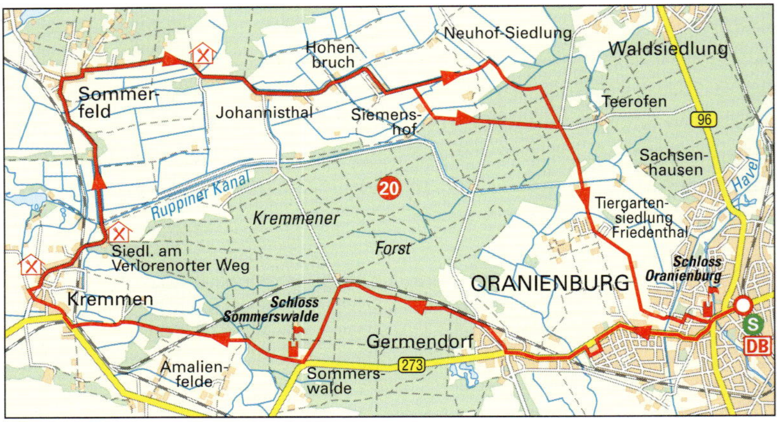

Info

Ende des 19. Jahrhunderts ließ August Richard Sommer im Schwanter Forst das **Schloss Sommerswalde** errichten. Das Zentrum des Gebäudeensembles bildet das Schloss selbst, dessen Stil deutlich an den Berliner Reichstag erinnert. Die ursprüngliche Kuppel ist nicht erhalten. Die ehemaligen Pferdeställe rechts der Auffahrt wurden in Backstein errichtet und dem Roten Rathaus nachempfunden. Gegenüber lässt sich die ursprüngliche Pracht der Orangerie nur noch erahnen. Die mit Originalsteinen aus dem Orient errichtete Nachbildung einer Moschee ist in sehr schlechtem Zustand, die vormals vorhandenen Zwiebeltürme wurden in den 20er und 30er Jahren wegen Baufälligkeit abgetragen. Heute beherbergt Schloss Sommerswalde das Dipankara-Zentrum für Mahayana-Buddhismus e.V., weshalb bei der jederzeit möglichen Besichtigung des Parks um Rücksicht auf Meditierende gebeten wird. Das Schloss kann sonntags von 14 bis 17 Uhr besichtigt werden.

Wieder auf dem Asphaltweg, biegen wir hinter der umzäunten Grundstücksgrenze rechts in den Sandweg (**Hörstegraben**) ab und folgen dem Weg geradeaus. Am Waldrand überqueren wir die **kleine Brücke** über den Hörstegraben. Gleich dahinter biegen wir halb rechts in die **uralte Allee** ab. Nach einem Kilometer kreuzen wir die **stillgelegte Bahnstrecke** und fahren am Waldrand weiter.

Bald trifft der Weg auf eine **Asphaltstraße**. Wir fahren geradeaus, bis wir nach einem Kilometer in **Kremmen** die Hauptstraße erreichen. Auf diese biegen wir rechts ein. Dann geht es geradeaus in den historischen Stadtkern. Es holpert ein wenig, aber früher gab's halt nur Pflasterstraßen, und die hübschen Häuserzeilen entlang der Straße entschädigen ohnehin.

Am **Marktplatz** ist links ein Café. Wir fahren neben dem schmucken weißen Rathaus geradeaus in die **Mühlenstraße**. In die erste Querstraße (**Alte Kietzstraße**) biegen wir rechts ein, erfreuen uns an den hübsch gemachten Häuschen mit den Blumentöpfen davor. Das letzte Stück müssen wir durch die **Einbahnstraße** schieben, aber nach wenigen Metern ist die Hauptstraße (**Ruppiner Straße**) erreicht. Hier machen wir entweder einen Abstecher nach rechts zur nur 100 Meter entfernten Kirche. Oder wir biegen gleich links in die Hauptstraße ein und fahren auf dieser weiter durch den Ort. Am Bahnübergang beginnt ein **Radweg**; wenig später lädt „Meyhöfers Gasthaus" zur Stärkung ein. Der Radweg begleitet die Allee nach **Sommerfeld**.

Dort biegen wir an der Hauptstraße rechts ab und fahren an der Kirche vorbei durch das ansehnliche Dorf mit seiner **gepflasterten Lindenallee**. Wir folgen der Hauptstraße und fahren bald über weite Felder dem einsam gelegenen Gasthaus „Zum alten Hof" entgegen. Die außergewöhnlich schöne Lage macht sich zwar an den Preisen

Frisch gestrichen: Schloss Oranienburg in neuem Glanz.

bemerkbar, aber die sind angesichts der radlerfreundlich großen Portionen zu verschmerzen.

Durch **Hohenbruch** folgen wir dem Verlauf der Hauptstraße. Dann gibt es **zwei Möglichkeiten**: Entweder **auf der Hauptstraße** durch den lang gestreckten Ort und später im Wald (hinter den großen Wildwechsel-Warntafeln für die Gegenrichtung, vor der Linkskurve!) nach rechts. Oder, um den Autoverkehr zu meiden, die Hauptstraße in Hohenbruch an der **Ausschilderung nach Neuhof-Siedlung** geradeaus verlassen.

Für diesen Fall gilt: Wo sich der Betonplattenweg in zwei Spuren teilt, biegen wir **an der Baumreihe rechts** in den Sandweg ab. Nach 500 Metern fahren wir den schmalen Weg geradeaus in den dunklen Wald. (Keine Angst, es wird bald wieder heller und der Weg breiter. Der Weg ist **blau-weiß als Wanderroute markiert**. Diese Markierungen führen uns bis an die Landstraße, wo wir auf Variante 1 treffen.

Wir überqueren die Landstraße und rollen geradeaus in den jetzt besser befahrbaren **Waldweg**. Nach einem guten Kilometer sind wir wieder in Oranienburg – genauer gesagt im Ortsteil **Kuhbrücke**. Auf selbiger überqueren wir den Kanal; die Auffahrt ist von gewaltigen Eichen gesäumt.

500 Meter hinter dem Ortseingangsschild biegen wir halb links ab in den asphaltierten **Elsenweg**. Dieser überquert die weithin sichtbare neue Ortsumgehung. Später heißt die Straße **Kuhbrückenweg**. An der **Gabelung**, genau unter der Hochspannungsleitung, biegen wir halb links in die **Thaerstraße** ab. Nach 600 Metern fahren wir links die Auffahrt zur Brücke hoch und rechts in die **Kanalstraße übers Wasser**. Das ist überraschend sauber, am Ufer finden sich sogar kleine Badestellen.

An der abknickenden Hauptstraße biegen wir nach links in die **Luisenstraße** ein, die nach 100 Metern in den **Schlosspark** mündet. Wir halten uns rechts und kommen an der zart mintgrünen **Orangerie** vorbei zum **Hauptportal** neben dem Schloss. An der Ampel dahinter ist links schon der **Bahnhof ausgeschildert**. Auf der linken Straßenseite gibt es mehrere Einkehrmöglichkeiten. Vor der **Eisenbahnbrücke** biegen wir schließlich rechts ab in die **Stralsunder Straße** und erreichen nach 300 Metern das ansehnliche Bahnhofsgebäude.

21

Von Bernau zum Liepnitzsee und nach Birkenwerder

DUNKLER WALD UND FRISCHE BRIESE

Nordöstlich der Hauptstadt beginnt die riesige Schorfheide. Hier locken schattige Waldwege, von Buchen gesäumte Seen und ein kaum bekanntes Flüsschen.

Toureninfos

Karte S. 110

km 37 km

START Bahnhof Bernau

ZIEL Bahnhof Birkenwerder

Lange Strecken asphaltierter Radweg und Nebenstraßen, im Briesetal Waldwege.

Zahlreiche Möglichkeiten in Bernau und Birkenwerder, am Liepnitzsee und auf der Insel, Biergarten in der Kolonie Briese.

Mehrere Badestellen am Liepnitzsee und auf dem Großen Werder, Waldbad Liepnitzsee, Badesee in der Kolonie Briese.

@ www.liepnitzinsel.de, www.waldschule-briesetal.de

Die Tour eignet sich vorzüglich für heiße Sommertage: Der größte Teil der Strecke verläuft im Wald – und sollte einem dennoch zu warm werden, kann man sich im Liepnitzsee erfrischen.

Am Bahnhofsvorplatz findet sich schon der Hinweis auf unser erstes Ziel, den Liepnitzsee. Wir folgen also der **Ausschilderung „R 1"** über den Platz und biegen an seinem Ende nach links in die **Breit-**

scheidstraße ein. Wenig später zweigen wir nach rechts in die **Goethestraße** ab, die uns wiederum nur 150 Meter weit begleitet, bevor wir sie nach links in die **Berliner Straße** verlassen. Durch die **Fußgängerzone** (rechts) sollten wir schieben, schon um noch ein wenig Stadtflair zu genießen, bevor wir für den Rest des Tages in dunklen Wald abtauchen. Für das **Stadtzentrum von Bernau** sollten wir uns etwas Zeit nehmen. Geradeaus, an Rathaus, Kirche und Stadtmauer vorbei, treffen wir auf die Bundesstraße 2, die wir überqueren. Auch am folgenden **Kreisverkehr** behalten wir die Richtung bei und werfen einen Blick auf den **Wasserturm** links. Wir verlassen den Ort auf dem **Radweg entlang der Oranienburger Straße**. Am Ende des Radweges schlagen wir einen kurzen Haken nach links, um dann rechts auf einen anderen Radweg einzubiegen. Auf diesem überqueren wir die Autobahn.

Info

In **Bernau** ist eigentlich der gesamte alte Stadtkern sehenswert. Besondere Attraktionen sind die Wallanlagen (sieben von acht Wällen sind noch erhalten), die Stadtmauer mit ihren Toren sowie das etwas abseits liegende Henkerhaus. Im Steintor wurde ein Heimatmuseum eingerichtet.

Der 44 Meter hohe **Wasserturm** wurde 1911 errichtet. Mit seinem 8 Meter hohen Hochbehälter aus genietetem Stahl stellte er einen ausreichenden Wasserdruck für das Stadtgebiet sicher.

Wir folgen dem Radweg – und damit dem R1 – über einen **Kreisverkehr** hinweg und bleiben ihm auch treu, wenn er die Straße rechts in den Wald hinein verlässt. Erst beim **Wegweiser „Liepnitzsee Rundkurs"** biegen wir scharf nach rechts ab, um den **Liepnitzsee** zu umrunden.

Info

Einst war der versteckt im dunklen Wald gelegene **Liepnitzsee** das Badegewässer der DDR-Staatsführung, die im nahegelegenen Wandlitz ihre Wohnhäuser hatte. Das Waldbad Wandlitz am Westufer war ausschließlich Honecker & Co. vorbehalten. Heute sind See und Waldbad auch für den gemeinen Radler zugänglich. Auf dem „Großen Werder", der Insel im See, befinden sich neben mehreren Campingplätzen auch viele Badestellen und ein Gartenrestaurant. Die Insel ist schwimmend oder per Fähre zu erreichen.

Eilige fahren geradeaus weiter und verkürzen die Radelstrecke damit um etwa acht Kilometer. Nach ungefähr 350 Metern treffen sie wieder auf den Seerundweg und setzen die Tour nach links fort.

Auf dem **asphaltieren Waldweg** lassen wir den Liepnitzsee links unter uns und bald auch hinter uns liegen. An der **Einmündung** in einen weiteren asphaltierten Weg halten wir uns links. Leicht bergab rollen wir nach **Ützdorf**. Dort biegen wir **an der Einmündung links** ab und müssen uns für etwa 250 Meter die Straße mit den Autofahrern teilen. Schon an der **nächsten Abzweigung** aber schalten wir in einen kleineren Gang, verlassen die Landstraße nach schräg links und kurbeln uns die **Fahrradstraße** bergauf. Wie schon in der ersten Hälfte der Seeumrundung halten wir einigen Abstand zum Wasser.

Wer mehr vom Liepnitzsee haben will als den ihn umgebenden Wald, kann beim entsprechenden Wegweiser einen Abstecher nach links zum Fähranleger machen und auf die **Liepnitzseeinsel** übersetzen.

Am Ende des Sees werden auch diejenigen belohnt, die auf den Abstecher verzichtet haben: Wir erreichen eine kleine **Badestelle**. Und wenn wir scharf nach links fahren, ist auch das **Waldbad Liepnitzsee** nur noch einen Katzensprung entfernt.

Nach dem Bad oder der Rast setzen wir unseren Weg in der ursprünglichen Richtung fort. Nach wenigen hundert Metern treffen wir auf die stark befahrene **B 273**, der wir nur für etwa **100 Meter nach rechts** folgen. Dann verlassen wir sie **gleich wieder nach links**. Ohne Orientierungsprobleme erreichen wir **Basdorf**. Etwa 100 Meter hinter dem Bahngleis biegen **wir nach links in die größere Straße** ein. Wir durchradeln Basdorf fast bis zum Ortsende. Erst etwa 300 Meter vor einem weiteren Bahnübergang biegen wir nach **rechts ab Richtung Zühlsdorf**. Dort entscheiden wir uns an der Ortsdurchgangsstraße für die linke Variante (**Birkenwerder Straße**), verlassen diese aber bereits kurz darauf wieder **nach rechts in die Oranienburger Straße**. Auch von einem Sackgassenschild lassen wir uns nicht beirren und bleiben der Richtung treu. Am Ortsende wird die Straße zum **Waldweg**. Die Teerstraße, die unseren Weg kreuzt, überqueren wir im rechten Winkel. Nach etwa 350 Metern folgen wir an einer **Gabelung** der **weiß-roten Wanderwegmarkierung nach rechts**. Der Waldweg bringt uns leicht bergab ins Tal der Briese.

Später folgen wir nicht mehr der weiß-roten Markierung, die nach rechts in einen kleinen Fußweg weist. Stattdessen fahren wir geradeaus weiter auf dem mit **weiß-blauen Farben** markierten Hauptweg. Durch den feuchten Wald radeln wir **immer an der Briese entlang**, bis wieder eine größere Straße die Idylle stört. Wir biegen nach links auf diese ein, verlassen sie aber nach etwa 50 Metern bereits wieder nach rechts in den Wald. Nach einiger Zeit lädt ein **Rastplatz** zu einer Auszeit ein. Erst ohne das Knirschen unter den Reifen lässt sich die Stille des Waldes richtig genießen. Derart gestärkt setzen wir die Tour in gleicher Richtung fort. Für das letzte Stück zum Forsthaus Briese bietet sich als Alternative zum Fahrweg das **Naturlehrkabinett** (Wegweiser, etwa 1,5 Kilometer) an. Schiebend auf dem schmalen Fußweg lernen wir allerhand Wissenswertes über die Natur des Waldes. An der Gabelung vor dem ersten Haus der **Kolonie Briese** halten wir uns links, an der **Waldschule Briesetal** entlang.

Info

Nicht nur Großstadtkinder können in der **Waldschule Briesetal** viel Neues über die Natur im Allgemeinen und den brandenburgischen Wald im Besonderen erfahren. Für Gruppen angeboten werden Waldführungen, Erlebnistouren, Bastelnachmittage und Lagerfeuerromantik. Individualbesucher sollten sich vorab über öffentliche Veranstaltungen informieren. Ein Naturlehrpfad liefert Hintergrundinformationen über die Ökologie am Wegesrand.

An der Asphaltstraße bietet sich ein Abstecher nach rechts an, wo ein Biergarten und kurz darauf ein Badesee zur Erfrischung locken.

Um die Tour fortzusetzen, **überqueren wir die Kreuzung** und radeln auf der Asphaltstraße Richtung **Birkenwerder**, dessen Ortseingangsschild uns bereits vor Überquerung der Autobahn willkommen heißt. Ab der ersten Kreuzung im Ort folgen wir **der Ausschilderung des Radweges Berlin-Kopenhagen**, biegen also hier nach rechts ab. An der folgenden Kreuzung entscheiden wir uns für schräg links und fahren unter der Bahnlinie durch. Direkt danach biegen wir nach links ein auf den Radweg und folgen diesem zum Bahnhof.

22

Von Strausberg durch mystische Wälder zu stillen Seen

VOR UNS DIE EISZEIT

Östlich der Hauptstadt hat die große Schmelze ein paar bewaldete Hügel hinterlassen, die schon Fontane begeisterten. Die Täler sind mit Badewasser gefüllt.

Toureninfos

Karte S. 115

km 46 km

START Bahnhof Strausberg

ZIEL Bahnhof Strausberg

Sehr gemischt: Von Radwegen über Landstraßen bis hin zu Pfaden im Wald ist alles dabei. Auch mehrere Steigungen.

In Strausberg hinter der Fähre gibt es einen Biergarten. Zum schön gelegenen Roten Hof gehört ein Café. Die nächste Einkehrmöglichkeit bietet erst Gielsdorf. Besonders schön gelegen ist die Wesendahler Mühle. Gediegener geht's im Landgasthof Zum Mühlenteich in Eggersdorf zu.

Mehrere Badestellen und ein großes Strandbad am klaren Straussee, außerdem Bademöglichkeiten am Fänger- und am Bötzsee.

@ www.stadt-strausberg.de, www.odertours.de/reiseziele

Weil die Waldwege nördlich von Strausberg nicht ausgeschildert sind, kann Sonnenschein die Orientierung erleichtern – zumal der Weg meist genau nach Norden führt. Im Herbst sieht der Mischwald besonders schön aus. Noch schöner wird die Tour, wenn man vorher Fontanes Kapitel zum „Blumenthal" gelesen hat.

Die Straße am Bahnhof Strausberg heißt Bahnhofstraße. Nichts Besonderes also – das kommt später. Wir überqueren sie am Zebrastreifen; gleich gegenüber ist die Straßenbahnhaltestelle. Vor dem Gleis beginnt ein Geh- und Radweg namens **Gustav-Kurtze-Promenade**. Wir biegen rechts ein und fahren **parallel zum Gleis** unter alten Laubbäumen durch eine ruhige Wohngegend.

An der Garzauer Straße, die als Hauptstraße kreuzt, endet der Weg. Wir überqueren Straße und Gleis und biegen gleich wieder ab, so dass wir auf dem **Waldweg links neben dem Gleis** weiter fahren. An der **Berliner Straße** biegen wir halb links auf den Fuß- und Radweg ein. Jenseits der Ampel dahinter steht ein alter Stein-Wegweiser nach Berlin, Tasdorf und „Straußberg". Hinter der Tankstelle geht's nach links in den **Spitzmühlenweg**. Am Einbahnstraßenschild verlassen wir ihn schon wieder nach rechts in den **kleinen Waldweg**, der leicht bergab zum See führt. Erst riecht es nur feucht, dann geht der Sumpf in den ungewöhnlich klaren Straussee über. Den gut befahrbaren **Naturweg** müssen wir uns mit den Fußgängern teilen, aber der Blick über den türkis schimmernden See verbietet ohnehin jede Raserei.

Stille Wasser: Die Seen im Blumenthal-Wald hat man oft ganz für sich allein.

Bald macht der See einen Knick und gibt den Blick auf den Stadtkern von Strausberg mit der dicken Marienkirche frei. Wir kommen an

einem Bootsverleih und am Freibad vorbei. Die Holzhäuschen sind im Wespenlook gestrichen. Über dem Eingang hängt ein Schild: „Städtische Badeanstalt, eröffnet 1925". Hinter einem kleinen Park trifft der Weg auf die Anlegestelle der **Elektrofähre „Steffi"**. Eine Info-Säule erzählt über Strausberg und befasst sich mit der alten Frage, ob der Name der Stadt nun mit einer Schote oder mit einem Vogel zu tun hat.

Info

Der Streit, ob der Name von **Strausberg** nun vom Vogel Strauß oder vom slawischen Wort „Strutz" (Schote) herrührt, ist fast so alt wie die Stadt. Die Wappen orientieren sich eher an der Vogel-Theorie. Aber auch die Erklärung mit der Schote liegt nahe, wenn man die Form des Straussees von oben betrachtet. Die einstige Kreisstadt Strausberg beherbergte zu DDR-Zeiten große Teile des Verteidigungsministeriums. Entsprechend schwer hatte es die mittlerweile auf kaum 27 000 Einwohner geschrumpfte Stadt nach der Wende.

Elektrofähre: Die erste am Seil gezogene Fähre an dieser Stelle wurde 1894 eingerichtet. 1913 folgte die Umstellung auf einen Verbrennungsmotor. Bereits zwei Jahre später war man aber damit nicht mehr zufrieden und entwickelte die Elektrofähre mit durchs Wasser verlaufender Leitung, wie sie heute noch verkehrt. Dieses System gilt als einmalig in Europa.

Hier müssen wir das Ufer kurz verlassen und fahren durch die kurze **Karl-Liebknecht-Straße** bis zur **August-Bebel-Straße**. Wir biegen links ab und fahren in die **Altstadt**: Entweder schnurgerade durch die **Große Straße** mit ihren Geschäften oder nach links in einem Bogen durch die ruhige **Georg-Kurtze-Straße**. Dort sind viele der jetzt bunten Fachwerkhäuser buchstäblich auferstanden aus Ruinen – allerdings erst nach der Wende. Auf halber Strecke zwischen beiden Straßen steht die dicke Marienkirche. Sie bietet sich als Ausgangspunkt für einen kurzen Stadtbummel durch die unmittelbare Umgebung an. In der Großen Straße gibt es auch mehrere Einkehrmöglichkeiten.

Der weitere Weg führt automatisch aufs Nordende der Großen Straße. Wir fahren am Kulturpark vorbei und **halb links in die Badstraße**, die in einen schönen **Uferweg** mit Bademöglichkeiten und Liegewiesen übergeht. Der Weg endet an einer Hauptstraße, aber auf der anderen Seite führt – vor den Gärten, nur wenige Meter nach rechts versetzt – der Weg **Am Erlengrund** weiter. Auch der Namensgeber taucht bald auf: Erst Wiese und Sumpf, dann ein kleiner See mit vielen Mini-Inseln, auf denen gerade eine Hand voll Erlen Platz hat. Der Weg führt nach links zum **Kinderbauernhof „Roter Hof"**, auf dem allerlei Getier blökt und zwitschert. Das Hofcafé ist montags geschlossen.

Dann geht es bergauf in den Wald. An der **Gabelung** halten wir uns rechts, so dass wir auf die **Bergstraße** kommen, die zwischen Gärten und Wald verläuft. An ihrem Ende fahren wir fast genau geradeaus über die **Schneise in den Wald**. Nach kurzer Fahrt treffen wir auf eine **kleine Landstraße**, in die wir links einbiegen. Nach einem leichten Anstieg geht es bergab am **Ihlandsee** vorbei: Still liegt er in einer Senke rechts von uns. Hinter den Leitplanken **verlassen wir die Straße nach rechts** und fahren nun am linken Ufer des schmalen, langen Sees entlang. Dahinter sieht der Wald aus wie bei Rotkäppchen. Auch Fontane widmet diesem riesigen, abwechslungsreichen Dickicht rund um das längst verschwundene **Städtchen Blumenthal** ein ganzes Kapitel. Wir fahren den Waldweg weiter geradeaus. Hinter der **rot-weißen Absperrschranke** halten wir uns etwas links. An der nächsten Wegkreuzung fahren wir genau geradeaus weiter, also **zwischen den Holzbaken** durch nach Norden.

Info

Der **Blumenthal** ist sagenumwoben. Dazu trägt besonders die noch immer vorhandene „Stadtstelle" an der Chaussee nach Prötzel bei, die schon Fontane faszinierte: „Der Blumenthal hat seine Romantik. Etwas von dem Zauber Vinetas ist um ihn her, und die Sage von untergegangenen Städten, verschwunden in Wasser oder Wald, begleitet den Reisenden auf Schritt und Tritt." Fontane berichtet von deutlich sichtbaren Mauerresten, die ihn um 1865 den Standort von Marktplatz, Kirche und Brunnen erkennen ließen. Auch in alten Chroniken fand er Hinweise auf die Stadt Blumenthal, die ihre Blütezeit im 14. Jahrhundert gehabt habe und der Überfälle, die Pest und schließlich der Dreißigjährige Krieg den Garaus machten.

Der Weg führt weiter durch die eiszeitliche Schmelzwasserrinne, an deren Grund sich die schmalen Seen aufreihen. Erst wird es nur sumpfig, dann kommen wir nacheinander **am Großen und am Kleinen Lattsee** vorbei. Die Einsamkeit und Stille hier machen eine Pause zum Erlebnis. Wer Glück hat, kann im Spätsommer sogar Pfifferlinge mitten auf dem Weg finden. Theodor Fontane schrieb, nachdem er hier entlang gewandert war: „...ein Reichtum an Hölzern, wie ihn märkische Forsten wohl kaum zum zweiten Male zeigen. In reichstem Gemisch stehen alle Arten von Laub- und Nadelholz; Eiche und Edeltanne, Else und Kiefer, Buche und Lärchenbaum machen sich den Rang der Schönheit streitig; vor allem aber ist es die Birke, der Liebling des Waldes, die mit weißem Kleid und langem Haar an dem Auge des Reisenden vorüberfliegt." Dem ist nichts hinzuzufügen.

Am nördlichen Ende der Seen macht der Weg einen **Rechts-Links-Schwenk** und trifft dann auf die **Landstraße** zwischen Prötzel und Tiefensee. Wir biegen links ein – und haben möglicherweise das Gefühl, dass unser Fahrrad schon mal leichter rollte. Das stimmt, aber es liegt nicht am Drahtesel, sondern an einer langen, sachten Steigung. Am Abzweig nach Strausberg können wir bei Bedarf einen Abstecher zum Denkmal für den einst von Wilddieben erschossenen Oberförster Lissack unternehmen (600 Meter nach rechts und wieder zurück). Sonst biegen wir links ab auf **die Landstraße nach Strausberg**. Hinter dem Mini-Ort **Eichenbrandt** verlässt sie den Wald und führt als Allee weiter nach **Gielsdorf**. Dort gibt es uralte Feldsteinhäuser und eine Fachwerkkirche mit einzeln stehendem Uhrenturm rechts oberhalb der Hauptstraße.

Am **Abzweig** nach Wesendahl und Werneuchen fahren wir nach **rechts**, sofern wir nicht erst am Eiscafé „Zur Palme" (montags Ruhetag) an der Ecke einkehren wollen.

Auf der Allee fahren wir durch Wald und Wiesen nach **Wesendahl**. Im Dorf gibt es nicht nur eine sehenswerte Kirchenruine, sondern auch große Obstplantagen, auf denen man sich Kirschen, Erdbeeren und Äpfel für wenig Geld selbst pflücken kann. Wir fahren hinter dem Ortseingang **halb links** Richtung Altlandsberg und Werneuchen. Vor der Feldsteinmauer verlassen wir die Straße nach links in **die Mühlenstraße**. Hier sind ein Camargue-Pferdehof, die Wesendahler Mühle und das Tierheim ausgeschildert. Auf dem Pferdehof kann der Drahtesel versuchsweise gegen einen Pferderücken getauscht werden. Das macht Spaß, aber auf dem Rad sitzt man meist bequemer.

Der Weg führt zwischen Koppeln in den Wald. Vor seinem Ende halten wir uns links und fahren kurz bergab zur **Wesendahler Mühle**. Etwas dahinter geht's nach **rechts zum Fängersee**. Hinter der Badestelle führt der Weg durch den Wald bis zu ein paar Gärten. Dahinter kreuzt eine kleine Asphaltstraße. Wer nicht in die **Spitzmühle**

Mark Brandenburg wie aus dem Bilderbuch: Allee bei Gielsdorf.

(rechts) einkehren will, fährt **geradeaus auf den Uferweg** am **Bötzsee**. Es gibt hier Hügel und kleine Picknickplätze mit schönem Blick übers Wasser. Hinter einer Badestelle verengt sich der Weg und führt durch Gebüsch zum **Postbruch**. Zwischen den Häusern wird der Weg zur Straße. Wir halten uns rechts (**Ausschilderung: Schlagmühle/Straßenbahn**) und kommen an der Postbruchhütte vorbei. Bald fahren wir wieder autofrei zwischen Wiesen entlang.

Der Weg trifft auf eine Hauptstraße, die Altlandsberger Chaussee. Diese überqueren wir und fahren geradeaus in den **Postbruchweg**. An der **Grenzstraße** biegen wir links ab und fahren bis zur großen Hauptstraße. Hier folgen wir dem Rad- und Fußweg nach rechts, also geradewegs ins Zentrum von **Eggersdorf**. Durch die **Karl-Marx-Straße** kommen wir am neu gebauten Ortszentrum vorbei. An der Kirche biegen wir halb links in die **Mühlenstraße** ab (Vorsicht, unübersichtliche Ecke!). Diese geht gleich darauf in die **Bahnhofstraße** über und macht dann einen **Links-Rechts-Schwenk**. An der Ampel fahren wir geradeaus weiter – und sehen bald schon die Bahntrasse vor uns. Noch ein Stück parallel zu den Gleisen, dann sind wir wieder am S-Bahnhof Strausberg.

23

Flotte Tour von Strausberg über Grünheide nach Erkner

FIT FOR FUN

So lässt sich's locker radeln: Auf glatten Wegen durch Wald und Dörfer. Ohne Berge, ohne Sand. Auch an Erfrischungsmöglichkeiten fehlt es nicht.

Toureninfos *Karte S. 118*

km 31 km (mit Werder: 33 km)

START Bahnhof Strausberg

ZIEL Bahnhof Erkner

Abgesehen von der Straße zwischen Strausberg und Rehfelde fährt man auf gut ausgebauten Radwegen. Keine nennenswerten Steigungen.

Außer Werder bietet jeder Ort mindestens eine Einkehrmöglichkeit. Schön gelegen sind die Löcknitz-Terrassen am Ortseingang Erkner.

Mit kleinen Abstechern sind viele Bademöglichkeiten zu erreichen. Neben den im Text erwähnten bei Grünheide gibt es auch vor dem Ortseingang Lichtenow rechts einen Teich.

@ www.gruenheide-mark.de

Bei Nord- oder Ostwind macht die Strecke besonders viel Spaß.

In Strausberg müssen wir ein Stück durch die Stadt, bevor wir völlig ungestört in die Pedale treten können. Wir starten am Zebrastreifen, der über die Bahnhofstraße zur Straßenbahnhaltestelle führt. **Vor dem Gleis** biegen wir nach rechts auf den Geh- und Radweg ein. **Gustav-Kurtze-Promenade** heißt die Straße, die parallel zum Gleis unter alten Laubbäumen durch eine luftige Wohn- und Gartensiedlung verläuft.

An der **Garzauer Straße** endet der Radweg. Wir biegen rechts ab und fahren an der Ampel geradeaus. Die Straße verläuft durch den Wald Richtung Rehfelde, zwischendurch schimmert links ein Ausläufer des Herrensees durch den Wald. Am Ortseingang **Rehfelde** folgen wir der rechts abbiegenden Hauptstraße. **Vor der Bahntrasse** geht es links auf einem Radweg durch **die Ernst-Thälmann-Straße** weiter.

Am Ende der Ernst-Thälmann-Straße biegen wir rechts in die **Bahnhofstraße** ab und fahren hinter dem **Bahnübergang** halb links **Richtung Lichtenow**.

Info

Bahnübergang in Rehfelde: Die eingleisige, nur für Dieselloks befahrbare Strecke von Berlin über Seelow ins polnische Kostrzyn (Küstrin) ist etwas für Nostalgiker. So wird die Schranke in Rehfelde bisher noch immer vom Schrankenwärter hoch- und runtergekurbelt, der im Stellwerk neben der Straße sitzt. Das ist echte Knochenarbeit. Zu der ausgeklügelten Uralt-Mechanik gehört ein spezieller Schlüssel, mit dem sich entweder das Klappsignal oder die Schranken öffnen lassen – aber nie beides zugleich.

Nach einem knappen Kilometer erreichen wir **Werder**, das auf den ersten Blick völlig unspektakulär wirkt, aber unbedingt einen Abstecher verdient: Einfach nach links einen Kilometer bis zur Kirche fahren – und auf derselben Straße wieder zurück zu unserer Route.

Info

Die meisten Reiseführer und Touristen kennen nur **Werder** bei Potsdam und ignorieren das gleichnamige Dorf östlich der Hauptstadt, das mit seinen uralten Feldsteingemäuern samt Kirche wie ein Freilichtmuseum wirkt. Der Kirchhof ist ruhig und schattig. Es gibt nur wenige Gräber. Eines erinnert an den „Gutsbesitzer R. Kattengel, (1842–1905); Unvergenklich den Deinen". Kaum ein märkisches Dorf ist so authentisch geblieben. Die einzige Straße führt hinter dem Ort als Feldweg weiter ins Rote Luch. Das Feuchtgebiet ist die Wasserscheide zwischen Ost- und Nordsee: Ein Teil des Wassers fließt nordöstlich Richtung Oder ab, ein anderer nach Südwesten in die Spree und von da in Havel und Elbe.

Auf dem Radweg entlang der Eichenallee erreichen wir **Zinndorf** und fahren geradeaus durch den verschlafenen Ort. In **Lichtenow** überqueren wir die Bundesstraße 1 und fahren geradeaus nach **Ka-**

gel. Im Ort folgen wir der Hauptstraße nach **Möllensee**. Dort schwappt der Elsensee fast bis an die Straße – eine gute Bademöglichkeit. Bald verläuft der Radweg links zwischen Straße und Wasser: Auf den Möllensee folgt der Peetzsee, der mit klarem Wasser zum Baden lockt. Einen Zugang erreichen wir, indem wir in **Alt Buchhorst** hinter dem letzten Haus – also genau da, wo der Radweg wieder beginnt – links die Straße Am Rosenberg zur Uferwiese hinab rollen. Sie ist schon von der Hauptstraße aus zu sehen.

Gott sei Dank: Die uralte Kirche von Werder ist noch immer ein Geheimtipp.

Auch im Werlsee hinter Grünheide gibt es eine Bademöglichkeit: Der Radweg kurvt um einen Waldparkplatz herum – und gegenüber geht's zum Wasser. Später trifft der Radweg auf die Straße nach Erkner und führt unter der Autobahn durch.

Am Ortseingang von **Erkner** empfehlen sich gleich auf beiden Seiten Freiluft-Restaurants an der Löcknitz. Kurz **vor der Bahn-Unterführung** fahren wir rechts in **die Rudolf-Breitscheid-Straße** und biegen hinter dem **Busdepot** links ab. Jenseits der Bahn erreichen wir die **Friedrichstraße**, fahren nach rechts **über die Brücke** und am Kreisverkehr geradeaus zum Bahnhof.

24

Von Erkner über Woltersdorf und Rüdersdorf nach Rahnsdorf

KALK ERWISCHT

Zur Stummfilmzeit lag Hollywood nicht in Kalifornien, sondern am Kalksee, gleich östlich von Berlin. Und nebenan wird der Baustoff für die Hauptstadt gewonnen.

Toureninfos *Karte S. 127*

km 21 km, mit Umweg in Rüdersdorf: 29 km

START Bahnhof Erkner

ZIEL S-Bahnhof Rahnsdorf

Wechsel aus Feld- und Waldwegen mit befestigten Straßen. Einige Hügel. Nur die Verlängerung am Tagebau Rüdersdorf ist teilweise sehr steil und schlecht befahrbar. Dafür bietet sie atemberaubende Ausblicke.

Mehrere schön gelegene Einkehrmöglichkeiten an der Löcknitz (Ortsausgang Erkner) sowie rund um die Schleuse Woltersdorf. Ab Rüdersdorf ist die Auswahl geringer. In Schöneiche gibt es einen Biergarten an der Ecke Geschwister-Scholl-/Bismarckstraße.

Mehrere Möglichkeiten am Flakensee und am Kalksee. Vom Bahnhof Rahnsdorf am Ende der Tour sind es nur zwei Kilometer bis zum Strandbad Müggelsee.

@ http://www.die-maerker.de/ortsseiten/woltersdorf.htm
http://www.museumspark.de/

Bei klarem Wetter sind die Aussichten vom Woltersdorfer Kranichberg und auf den Rüdersdorfer Tagebau besonders schön.

Den kahlen Bahnhofsplatz in Erkner lassen wir am besten schnell hinter uns. Also fahren wir nach links in die **Bahnhofstraße** und schon nach knapp 200 Metern rechts Richtung **Stadtverwaltung**. Hinter dem Parkplatz rechts in die **Julius-Rütgers-Straße** und über den Kanal. Beim Blick von der **Brücke** ist links schon der Flakensee zu sehen – und dahinter über dem Wald der Aussichtsturm von Woltersdorf, an dem wir noch vorbeikommen werden. Hinter der Brücke geht's nach rechts in die gepflasterte **Flakenstraße**. Später heißt sie **Rudolf-Breitscheid-Straße**. An ihrem Ende biegen wir links ab, überqueren die Löcknitz und biegen gleich dahinter (zwischen Gaststätte und Parkplatz) wieder links ab. Der Weg führt in den Wald.

An der Gabelung sollten wir uns – zumindest an Wochenenden – leicht rechts halten, denn auf dem schmalen Uferweg kann es zwischen den Fußgängern recht eng werden. Der Weg führt auf einen **Campingplatz** zu. Wir fahren rechts vorbei, biegen also erst rechts ab, dann gleich links und später noch einmal links. Bald gibt es Seeblick und Strand, und befestigt ist der Weg nun auch. Er führt durch die feinere Gegend von **Woltersdorf** zum Kranichberg. Auf dem steht der vorhin gesehene **Aussichtsturm** samt eingebautem Filmmuseum. Man muss nicht hoch, aber man sollte: An der Ecke Buchhorster Straße führen wahlweise ein steiler Weg oder eine Treppe bergauf. Anschließend kann man sich in einem der Lokale rund um die Schleuse (links der Straße, mit Klappbrücke) für die Strapazen belohnen. Zum Beispiel an der **Liebesquelle**: Das gleichnamige Restaurant befindet sich links am See, die Quelle rechts an der Straße. Die führt **bergauf** und an einem ausgedehnten Klinik-Gelände vorbei.

Info

Vom hölzernen **Aussichtsturm** auf dem 102 Meter hohen Kranichberg geht der Rundblick bei guter Sicht weit über die umliegenden Wälder und Seen bis hin zum Berliner Fernsehturm. Im Turm befindet sich eine ständige Ausstellung zum Thema „Als Woltersdorf noch Hollywood war".

Aus der vom Verschönerungsverein Kranichberg 1886 eingefassten **Liebesquelle** am Fuße des Kranichbergs sollen laut einer Inschrift etwa sechs Kubikmeter Trinkwasser pro Tag sprudeln. In trockenen Sommern lässt das dünne Rinnsal jedoch auf weit geringere Mengen schließen – also beileibe kein Ersatz für eine Einkehr im gleichnamigen Gasthaus mit Biergarten.

Ein Stück dahinter gelangen wir, Achtung!, ins Hollywood der Stummfilm-Epoche. Dazu fahren wir nach links bergab in eine **namenlose asphaltierte Wohnstraße**. Orientierungshilfen: An der Ecke stehen eine

Streusandkiste und für die Hauptstraße ein Schild „Seebad". Schon nach 200 Metern endet das Sträßchen; wir biegen rechts ab und fahren gleich wieder links in die verlängerte Garteneinfahrt. Auf der Wiese steht ein weißer **Pavillon**, und hinter ihm sind allerlei Säulen und Sockel versammelt – einstige Filmkulissen allesamt.

Info

Die große Zeit des **Woltersdorfer Films** begann 1912 mit dem Zuzug des Regisseurs und Schauspielers Harry Piel. In den 20er Jahren wurden hier vom jüdischen Produzenten Joe May viele bedeutende Stummfilm-Klassiker gedreht, unter anderen „Herrin der Welt" und „Der Tiger von Eschnapur". Unter der späteren Verwaltung der UFA verfiel dann das Gelände. Einige Kulissen sind jedoch bis heute erhalten geblieben, beispielsweise der Pavillon aus „Das indische Grabmal".

Wir fahren auf der Straße weiter an der Grünfläche vorbei. Das Mäuerlein an dem Weg, der dahinter links zum Kalksee hinab führt, ist auch einen Blick wert: Solide von vorn, dürr im Profil. Kulisse eben. Wir fahren aber nicht hier vorbei, sondern auf der Straße weiter und an der nächsten Ecke wieder rechts **zur Hauptstraße** namens Seebad. Dort links. Die Straße führt unter der Autobahn durch auf eine Ampelkreuzung zu, an der auch die Straßenbahn fährt. Wir biegen rechts in die Hauptstraße ein und verlassen sie nach gut 100 Metern wieder, indem wir nach links in die **Hermannstraße** fahren. An deren Ende links, bergab, und an der nächsten Ecke rechts in die **Rudolf-Breitscheid-Straße**. Die ist hinter den letzten Häusern mit gewaltigen Kalksteinblöcken abgesperrt. Wir fahren einfach geradeaus weiter durch den Park.

Jetzt gibt es **zwei Möglichkeiten**: Entweder am Ende der Wiese nach links abkürzen. Oder einen eindrucksvollen, aber anstrengenden Umweg von knapp acht Kilometern entlang dem **Kalktagebau** in Angriff nehmen: Für diese Extra-Tour fahren – oder schieben – wir vor dem Tor nach rechts und dann auf dem Schotterweg steil bergauf in Richtung der Windräder. Nach etwa 50 Metern führt eine zugewachsene Treppe nach links auf den Hang. Man erklimmt sie sinnvoller Weise zu Fuß; von ihrem Ende bietet sich der erste grandiose Ausblick auf das Tagebau-Loch. Weiter geht es auf dem Schotterweg nach oben. Dann etwas links zwischen den Windrädern durch und vor dem letzten Windrad wieder links über die Wiese in den Wald. Der Pfad geht in eine alte Allee über. An ihrem Ende nach links. Dann führt der Weg direkt neben der Tagebaukante zwischen Sanddornbüschen entlang – mit den Beeren im Spätsommer ein großartiges Farbenspiel. Der Weg endet an einer Schranke am Ortsrand von

Herzfelde. Wir fahren nach rechts auf die Landstraße Richtung Rüdersdorf. Dort folgen wir immer dem Verlauf der Hauptstraße und fahren dann parallel zum Straßenbahngleis. Wenn es bergab geht, biegen wir rechts in die Hermannstraße ab. Hier treffen wir wieder auf die ursprüngliche Tour, fahren also wieder rechts in die Rudolf-Breitscheid-Straße und an den Kalksteinblöcken vorbei in den Park.

Info

Kalkstein aus dem **Tagebau Rüdersdorf** hat zahlreichen historischen Gebäuden, allen voran Brandenburger Tor und Schloss Sanssouci, zu ihrer Gestalt verholfen. Heute findet sich der abgebaute Kalkstein häufig unspektakulär in modernen Bürokomplexen wieder.

Am **Ende der Wiese** biegen wir links ab in den namenlosen, gepflasterten Weg. Ein längst stillgelegtes Gleis liegt im Pflaster; voraus ist die Kirchturmspitze zu sehen. Die Straße führt durch ein Metalltor. Unmittelbar dahinter verlassen wir sie nach rechts, indem wir auf dem **kleinen Pfad steil bergauf** fahren. Dann rollen wir genau geradeaus (!) weiter. Rechts vom Weg tut sich bald der ältere Teil des riesigen Tagebauloches auf. Wir halten uns jeweils leicht rechts, so dass wir im **großen Bogen um die Grube** fahren. Dann geht es bergab durch den Wald und zu einem Parkplatz. Dahinter rechts auf die Pflasterstraße, die zum Eingang des **Museumsparks** führt.

Info

Der **Museumspark der Baustoffindustrie** macht die über 750 Jahre Industriegeschichte dieses Standortes anschaulich. Gleichzeitig bietet das gigantische Loch tiefe Einblicke in die Erdgeschichte. An den seitlichen Abbrüchen liegen die

Liebenswert: Gasthaus Liebesquelle an der Woltersdorfer Schleuse

geologischen Schichten aus Jahrmillionen auf wenigen Metern konzentriert vor dem Betrachter. Unzählige Fossilienfunde zeugen von der marinen Vergangenheit dieser Gegend. Im Museumspark werden Führungen zur Geologie und Industriegeschichte, aber auch Landrover- und Mountainbike-Rundtouren angeboten. Der Park ist täglich von 10 bis 18 Uhr geöffnet.

Weiter geht es vor dem Kassenhäuschen nach **links zum Wasser**, über die **Brücke** und an der Kreuzung dahinter geradeaus. Am Ende der Straße biegen wir rechts auf die Hauptstraße ab, überqueren diese an der **Fußgängerampel** und biegen nach nicht einmal 100 Metern links in die **Vogelsdorfer Straße** ab.

Hinter der **Autobahnbrücke** endet der Asphalt. Wir kreuzen eine Hauptstraße und fahren geradeaus durch Wald und Wiesen nach **Schöneiche**. Nun sind wir auf der Tasdorfer Straße. An der **Petershagener Straße** biegen wir links ab und bekommen wieder Asphalt unter die Räder. Später heißt die Straße Hohes Feld, jenseits der Straßenbahn-Kreuzung Rüdersdorfer Straße und noch später Geschwister-Scholl-Straße.

Gleich hinter den letzten Häusern taucht schon das Ortseingangsschild von Berlin auf. Die „**Straße nach Fichtenau**" führt durch den Wald zum idyllisch gelegenen S-Bahnhof Rahnsdorf.

25

In großer Runde über die Spreewiesen

SÜSSES WASSER

Wie kommt eigentlich die Spree nach Berlin? Als unverbautes Fließ durch ein Idyll aus Dörfern, Wald und Wiesen.

Toureninfos *Karte S. 130*

km 41 km

START Bahnhof Erkner

ZIEL Bahnhof Erkner

Sehr gut befahrbare Nebenstraßen und Radwege ohne Steigungen. Ein kurzer sandiger Abschnitt auf dem Rückweg.

In Erkner große Auswahl. Besonders idyllisch sitzt man allerdings am Spreeufer in Neu Zittau und im Mini-Ort Kirchhofen. Auf dem Hinweg gibt es mehr Dorfgaststätten als auf dem Rückweg.

Nicht direkt an der Strecke, aber schnell erreichbar: Entweder von Erkner aus oder an der Spree in Mönchwinkel (siehe Tourenbeschreibung).

@ www.spreeradweg.de

Die Strecke lässt sich auf dem Spree-Radweg ostwärts verlängern. Von Fürstenwalde kommt man jederzeit mit der Bahn zurück nach Berlin. Oder man macht gleich eine Wochenendtour draus.

Am Bahnhofsplatz in Erkner fahren wir nach rechts unter der Brücke durch zum **Kreisverkehr**. Dort leicht links und über die **Brücke**, von der sich ein schöner Blick über den Dämeritzsee bietet. Durch den fließt schon die Spree, aber noch können wir sie nicht sehen. Wir folgen dem **Radweg entlang der Hauptstraße**. Auf dem nächsten Kilometer finden sich allerlei Einkehr- und Einkaufsmöglichkeiten. Sehenswert ist rechts die Kirche mit ihrem seitlichen Turm. Etwas später fahren wir an einem Park mit Gedenkstätte für die Soldaten der Roten Armee vorbei.

Am Ortsausgang wechselt der Radweg die Seite und verläuft links unterhalb der Eichenallee nach **Neu Zittau**. Jetzt sehen wir die **Spree**. Sie schlängelt sich nahe der anderen Straßenseite entlang; am Ortseingang Neu Zittau überqueren wir sie.

Info

Die **Spree** ist in Berlin zwar mächtig breit, aber sie ist in der Stadt eher ein See als ein Fluss: Zwischen Köpenick und Spandau fließt sie auf jedem Kilometer nur neun Zentimeter bergab. Im Sommer ist es oft noch weniger; bei langer Trockenheit wird die Spree zur Badewanne mit zwei Stöpseln: Der eine steckt in der Mühlendammschleuse in Mitte, der andere am (in Köpenick mit dem Fluss verbundenen) Teltowkanal in Kleinmachnow. Ohne die Schleusen säße Berlin regelmäßig auf dem Trockenen. Von Cottbus bis nach Berlin fließt die Spree immerhin 17 Zentimeter pro Kilometer bergab. Etwa acht Kubikmeter Wasser bringt sie dabei in jeder Sekunde in die Hauptstadt. Mehr wird es in den nächsten Jahrzehnten kaum werden, denn südlich des Spreewaldes werden allmählich die Tagebau-Löcher geflutet – mit Spreewasser.

An der einzigen großen Kreuzung von Neu Zittau biegen wir links ab und fahren auf die **Kirche** zu. Die Sparkasse auf der rechten Seite sollte vor Jahren geschlossen werden, weil sie immer wieder überfallen wurde. Aber dann blieb sie doch.

An der Kirche geht es links zum Heimatmuseum. Wenig später gabelt sich die Straße. Wir fahren halb links Richtung **Burig**. Wer mag, kann am Rechtsknick der Straße einen Abstecher nach links zu Gestüt und Spree unternehmen. Ansonsten folgen wir dem Verlauf der Hauptstraße durch den Ort. Hinter der Autobahnbrücke beginnt **Steinfurt**. Am Ende des Dorfes knickt das Asphaltband rechts ab. Danach schimmern links die Spreewiesen durch den Wald.

An der Kreuzung mitten in **Hartmannsdorf** biegen wir links in die **Schulstraße** ab. Hier ist ein Radweg nach **Fürstenwalde und Mönchwinkel** ausgeschildert. Links lädt die Gaststätte „Zum Lindeneck" zu preiswertem Speis und Trank. Die Straße schlängelt sich nach **Neu Hartmannsdorf**, wo sie sogar ein paar Meter direkt am Spreeufer entlang führt.

Am Ende des Sträßchens biegen wir rechts in die Hauptstraße ab – so wie auch der **Spreeradweg** beschildert ist. Rechts von uns ist die nur scheinbar gewöhnliche **Kirche** zu sehen

Info

Die **Honig-Kirche Neu Hartmannsdorf** haben Dorfbewohner nach der Wende ausgebessert, weil sie den Verfall des 1858 gebauten Gotteshauses nicht mit ansehen mochten und die geplante Umwidmung in ein Kinderferienheim verhindern wollten. 1993 pinselte die Berliner Künstlerin Brigitte Trennhaus 30 Schichten Wachs auf die Wand hinter dem Altar. Das Kreuz in der Mitte besteht aus Holzwürfeln, und den wabenförmigen Altar haben Künstlerin und Dörfler gemeinsam gegossen.

Den Autoverkehr werden wir nach einem halben Kilometer los, indem wir links in den beschilderten **Spreeradweg** abbiegen. Hier haben die Planer mal keine halbe Sache gemacht; auf einer perfekten Radelbahn rollen wir durch die Wiesen.

Info

Der **Spreeradweg** folgt dem Verlauf der Spree von ihren drei offiziellen Quellen im Lausitzer Bergland nahe der tschechischen Grenze bis nach Berlin. Er ist 420 Kilometer lang und – bis auf das letzte Stück – seit 1995 hervorragend ausgebaut worden, so dass er sich auch Ungeübten und Familien mit Kindern für eine Urlaubstour empfiehlt. Unrühmliche Ausnahme ist Berlin, wo Schilder und Wege fehlen. Aber das Ende der Spree ist ohnehin traurig: Zwischen Spundwänden mündet sie in Spandau in die Havel: Der kleine Fluss schluckt den großen und nimmt ihn mit in die Elbe.

Wir müssen nur aufpassen, dass wir nicht vor Begeisterung den Wegweiser verpassen, der uns **nach links weiter** auf dem Spreeradweg entlang schickt.

Im Mini-Dorf **Kirchhofen** lockt rechts der schattige Biergarten „Rasselbock". Der Radweg führt geradeaus wieder in den Wald hinein. Bald überqueren wir die Spree, die hier noch sichtbar strömt und inmitten von Sumpf und Wiesen richtig nach Natur aussieht. Kurz hinter der hölzernen **Brücke** beginnt **Mönchwinkel** – bescheiden, aufgeräumt und hübsch.

An der kleinen Hauptstraße fahren wir für den direkten Rückweg **gleich links**. Oder wir machen einen kleinen Abstecher nach rechts, denn dort kommt nach 300 Metern an der Flussbiegung ein schöner Picknickplatz, und noch einmal rund 500 Meter weiter führt ein Pfad nach rechts zu einer Badestelle ans Spreeufer. Das gibt's nicht mal in Berlin!

Wir folgen dem Verlauf der schmalen Hauptstraße durch Mönchwinkel. Das halb auf der Straße im Schatten eines großen Baumes stehende Heimatmuseum am Ortsausgang ist schon von außen betrachtet eine Freude. Der nächste Ort heißt **Spreewerder** und gehört zur Gemeinde Spreeau – irgendwie ist der Fluss also immer gegenwärtig. Zwischendurch haben wir immer wieder Ausblicke auf die weiten Spreewiesen; an den letzten Häusern beginnt ein Radweg.

Die große Hauptstraße kreuzen wir und fahren **geradeaus nach Freienbrink**. Der Ort liegt hübsch, bietet aber keine speziellen Attraktionen. Am Ende der Straße fahren wir nach links auf den breiten **Betonweg** und überqueren die Autobahn. Wo die Brückenabfahrt scharf links abknickt, fahren **wir geradeaus in den Waldweg** hinein. Das folgende Stück scheinen die sonst so gründlichen Radwegplaner vergessen zu haben, aber der sandige Abschnitt ist kaum einen Kilometer lang. Dann geht es entsprechend der Radweg-Beschilderung Richtung Erkner nach links in den asphaltierten **Gottesbrücker Weg.** In Erkner bleiben wir auf der **Gerhart-Hauptmann-Straße**, bis wir die große **Friedrichstraße** erreichen. Dort geht es rechts über den – nicht ganz runden – **Kreisverkehr** und geradeaus weiter zum Bahnhof. Wer sich noch einmal stärken will, kann das beispielweise im Eiscafé tun – direkt vor der Brücke am Dämeritzsee auf der linken Straßenseite.

26

Zu den Dahme-Seen südlich von Königs Wusterhausen

FEINE DAHME

Hochwasser in Berlin? Gibt's nicht. Denn was der Spree zu viel wird, bekommt die Dahme. Und an der hängt so mancher See.

Toureninfos

Karte S. 139

km 42 km

START Bahnhof Königs Wusterhausen

ZIEL Bahnhof Königs Wusterhausen

Alles dabei: Straßen, Wald- und teilweise sandige Feldwege. Kaum nennenswerte Steigungen.

Riedels Gasthof in Neue Mühle. Zwei Wirtschaften auf dem Weg vom Bahnhof KW nach Zernsdorf, „Dorfkrüge" in Bindow und Kolberg sowie mehrere Einkehrmöglichkeiten in Prieros und Gräbendorf.

Große Auswahl, z. B. am Wolziger See in Blossin und Kolberg, am Frauensee hinter Prieros (kleiner Abstecher), an den Tonteichen vor Körbiskrug und am Zeesener See.

@ www.dahme-seen.de

Wer nicht auf die Wochenenden angewiesen ist, kann die Badestellen werktags bei geringerem Andrang genießen.

Die Unterführung Richtung Storkower Straße/Puschkinstraße, ganz am Anfang des Bahnsteiges, bringt uns auf den rechten Weg. Am

Ausgang fahren wir nach **rechts auf die Pflasterstraße** und biegen schon nach 50 Metern wieder links in den **Kirchsteig** Richtung **Neue Mühle** ab.

Am Ende des Kirchsteigs fahren wir entweder gleich nach **links in die Tiergartenstraße** oder stärken uns in Riedels Landgasthof. 300 Meter weiter erreichen wir die klappbare **Schleusenbrücke**. Direkt dahinter biegen wir **rechts in die Zernsdorfer Straße** nach – na klar – Zernsdorf ein. Für die nächsten vier Kilometer haben wir einen Radweg, und Gaststätten gibt es auch am Wegesrand. In **Zernsdorf** folgen wir der abbiegenden Hauptstraße und fahren **parallel zum Bahngleis**. Aus Zernsdorf wird **Kablow**, und bevor die Straße das Bahngleis kreuzt, verlassen wir sie an der zweiten Bake nach halb rechts auf den **Fontane-Weg** Richtung Bindow. Am Rand des Waldweges erzählen ein paar Info-Tafeln davon, wie unsere Vorfahren hier einst lebten.

Der Weg endet auf der Landstraße in **Bindow**. Wir biegen rechts ab, fahren nach 300 Metern am „Bindower Dorfkrug" vorbei. Gleich dahinter biegen wir nach **links in den Blossiner Weg** ab. Die Piste ist wieder als Fontane-Weg markiert.

Am Ortseingang **Blossin** überqueren wir die Landstraße und fahren **geradeaus auf den Plattenweg**. An seinem Ende nach 300 Metern biegen wir halb rechts auf die Straße ab. Der rechts abbiegenden Hauptstraße nach Kolberg folgen wir – aber erst, nachdem wir 100 Meter voraus das **Gutshaus** mit seinem alten Park bewundert haben.

Auf den Wiesen entlang der Straße sind häufig Störche unterwegs. In **Kolberg** können wir links einen Abstecher zum Baden im Wolziger See unternehmen. Sonst folgen wir der Hauptstraße, passieren den „Alten Dorfkrug", und biegen hinter dem Gasthaus halb rechts in die Straße **Zum Langen See**, die auch als **Fontane-Weg nach Prieros** ausgeschildert ist. Zwischen Gestüten fahren wir bis ans Ende des Weges. Dann biegen wir nach **rechts auf den Plattenweg** und an dessen Ende **halb links in die Sandstraße** ein.

Am Ende der Straße fahren wir **halb rechts** und erreichen nach 100 Metern die **Bundesstraße 246**. An der Ecke begegnen wir nach dem unvermeidlichen Fontane auch dem „Alten Fritz" – und zwar in Form des gleichnamigen Gasthauses, in dem es auch jede Menge Eis und Kuchen gibt. Wir fahren am Alten Fritzen vorbei über die **Dahme-Brücke**. Wer mag, kann an der Ausleihstation dahinter aufs Boot umsteigen. Alle anderen radeln auf der Bundesstraße weiter und biegen **20 Meter vor dem Ortsausgangsschild halb (!) links** in die kleine Straße zu den Campingplätzen ab. Nach etwa 1,5 Kilometern knickt der Weg links ab. Bei Bedarf empfiehlt es sich, hier noch einen knappen Kilometer geradeaus zum Frauensee mit einladenden Badestellen zu radeln – und anschließend auf den Asphaltweg zurückzukehren. Der von einer Birkenreihe gesäumte Weg inmitten des kargen Kiefernwaldes mutet ein wenig sibirisch an, aber er fährt sich gut.

Der an einer **rot-weißen Schranke** nach rechts abzweigende **Querweg** ist zwar leicht zu übersehen, aber Verwechslungen sind ausgeschlossen, weil nur er **asphaltiert** ist. Weitere Orientierungshilfen: die **rot-weiße Wanderwegsmarkierung**, und links neben dem Abzweig weist ein Schild zum Campingplatz. Falls selbiger vor uns auftaucht, sind wir ein paar Meter zu weit.

Ist die dick Mann: Die Königseiche bei Gräbendorf ist kaum zu fassen.

Der Weg führt über einen Hügel durch immer dichteren und abwechslungsreicheren Wald. An dem einsamen **Forsthaus** biegen wir nach rechts ab und fahren zur **Königseiche**. Sie steht nach etwa 600 Metern ein kleines Stück links vom Weg im Wald – ein Pfad führt hin. Um sich herum hat das knorrige Ungetüm viele kleine Prinzeneichen ausgesät, weshalb hier jeder Schritt überlegt sein will.

Info

Die **Königseiche** steht wie ein Urtier zwischen lauter Kiefern am Ende des etwa 150 Meter langen Waldweges. 5,30 Meter umfängt der Stamm des über 500 Jahre alten Baumes. Schon Soldatenkönig Friedrich Wilhelm I. soll sich unter der Eiche ausgeruht haben, die damals vermutlich noch mehr Schatten spendete als jetzt, weil nur noch ein großer Ast grünt.

Der **Asphaltweg** bringt uns weiter bis nach **Gräbendorf**. Bemerkenswert ist das ebenso russisch wie kitschig anmutende Holzhaus links am Ortseingang. Wenig später erreichen wir den ansehnlichen und schattigen **Dorfplatz**, an dem wir geradeaus auf die Hauptstraße fahren. Links ist die Kirche, rechts das „Landgasthaus Lindenhof" und 100 Meter dahinter der Gasthof „Gräbenperle". Wir folgen der Hauptstraße bis etwa 300 Meter hinters Ortsausgangsschild und biegen **rechts in die Wusterhausener Straße** ab. Nach 100 Metern zweigt links die **Körbiskruger Straße** ab, die allerdings nur ein Feldweg ist.

Der Weg führt durch Wald direkt auf den **Kleinen Tonteich** zu, der auch im Hochsommer erstaunlich klar bleibt und zum Baden einlädt. Wir halten uns **halb rechts** und fahren zwischen Kleinem (links) und Großem Tonteich (rechts, am Campingplatz) durch.

Hinter den beiden Seen fahren wir nach **rechts in den Sandweg**, der bald zur **Betonstraße** wird. An seinem Ende biegen wir rechts auf die **B 179** ab – und verlassen sie schon 150 Meter weiter wiederum nach rechts in die **Senziger Straße**. Links taucht bald wieder eine Badestelle mit Liegewiese auf; der Sandweg führt nach **Senzig**. Im Ort ist er asphaltiert.

Am Ende des Weges biegen wir über die Hauptstraße **nach links auf den Radweg** ein, der Richtung Königs Wusterhausen führt. Dort knickt die Straße vor den Bahngleisen rechts ab; vor der Unterführung weist uns ein Schild den Weg „Zu den Gleisen".

27

Von Königs Wusterhausen zu Wäldern und Vampiren

BLUT LECKEN UND BADEN GEHEN

Dracula lebt – und freut sich, wenn Sie ihn in seinem Schloss besuchen und zum Essen bei ihm bleiben. Ente kann er ganz besonders gut.

Toureninfos *Karte S. 139*

km 40 km

START Bahnhof Königs Wusterhausen

ZIEL Bahnhof Königs Wusterhausen

Im ersten Teil überwiegend Naturwege, vereinzelt sandig. Sonst mäßig befahrene Nebenstraßen ohne nennenswerte Steigungen.

Mehrere Möglichkeiten in KW, Mittenwalde, Motzen und Bestensee. Originell, aber keine Empfehlung für Vegetarier ist Draculas Restaurant in Schenkendorf.

Am Motzener See in Kallinchen und Motzen.

@ www.prince-dracula.com
www.funkerberg.de

Außerhalb der Sommerferien ist es am Motzener See ruhiger.

„KW" sagt fast jeder im Umkreis von 30 Kilometern, wenn er Königs Wusterhausen meint. Vom Bahnhofsplatz aus führt die **Bahnhofstraße** durchs Zentrum des Städtchens. Sie endet an einer Hauptstraße, direkt rechts neben uns führt eine Brücke über den Nottekanal. Unser direkter Weg führt zwar geradeaus am Kanal weiter, aber der kleine Abstecher zum **Schloss** lohnt sich: Einfach auf der Bundesstraße über die Brücke und 200 Meter dahinter rechts in den Schlosspark fahren – und anschließend wieder zurück bis zur Brücke. Links neben dem **Nottekanal** verläuft ein **Fuß- und Radweg**, der bis ins acht Kilometer entfernte Mittenwalde führt. Es gibt nur zwei Gründe, den Uferweg zu verlassen: Der erste ist das nach etwa einem Kilometer an der Holzbrücke ausgeschilderte **Funktechnik-Museum**. Der zweite kommt noch etwa einen Kilometer weiter: **Draculas Schloss** in Schenkendorf. Um es zu erreichen, biegen wir an der **Ausschilderung zum Pferdehof Weiher** links ab und fahren zwischen Wiesen an dem weithin sichtbaren Hof vorbei. Der Weg endet in Schenkendorf auf einem betonierten Hof, den wir nach rechts verlassen, um gleich dahinter links zur **Dorfstraße** zu fahren. Sie führt an der Mauer von **Draculas Anwesen** entlang bis zum Portal. Zurück geht es auf demselben Weg **zum Kanal** und weiter an seinem Ufer westwärts.

Info

Schloss Königs Wusterhausen: Die ursprüngliche Anlage stammt aus dem 16. Jahrhundert, auch der Park wurde schon um 1700 angelegt. Friedrich Wilhelm I. besaß das Schloss schon, als er noch gar nicht König war. Im Schloss hängen allerlei von ihm gemalte Bilder. Bis weit ins 19. Jahrhundert diente es als königliches und kaiserliches Jagdschloss. Vor dem Zweiten Weltkrieg war es Museum, danach Sitz der sowjetischen Militär- und der Kreisverwaltung. Nach 1998 wurde es restauriert. Öffnungszeiten im Sommer: dienstags bis sonntags von 10 bis 17 Uhr.

Der **Nottekanal** wurde einst eigentlich zur Entwässerung angelegt. Aber bald nutzten ihn auch Schiffer aus Sperenberg, Zossen und Mittenwalde mit Ziel Königs Wusterhausen. Neben Kähnen mit Gips, Kalk und Landwirtschaftsgütern verkehrten auch Passagierschiffe, die entweder getreidelt, also vom Ufer aus mit Pferden gezogen, oder bei günstigem Wind gesegelt wurden.

Auf dem **Funkerberg** in Königs Wusterhausen begann die deutsche Hörfunkgeschichte. Nachdem hier bereits längere Zeit ein Morsesender betrieben worden war, wurde mit der Ausstrahlung eines Weihnachtskonzertes am 22. Dezember 1920 erstmals Ton über Radiowellen übertragen. Von der bedeutenden Geschichte – Königs Wusterhausen war lange Jahre auf der Frequenzskala eines jeden Radiogeräts zu finden – zeugt heute noch der weithin sichtbare Gittermast, der einst nur kleiner Teil einer viel umfangreicheren Anlage war. Gesendet wird von hier übrigens seit 1995 nicht mehr. Das **Funktechnikmuseum** zeigt anhand der originalen Technik die Entwicklung des Rundfunks auf dem Funkerberg. Geöffnet ist das Museum dienstags und donnerstags von 9 bis 15.30 Uhr, am Wochenende von 13 bis 17 Uhr.

Das Gut Schenkendorf wurde schon im 14. Jahrhundert erwähnt. Aber **Draculas Schloss** wurde nicht von Transsylvaniern erbaut, sondern Ende des 19. Jahrhunderts vom Berliner Zeitungsverleger Rudolf Mosse. Der adoptierte Dracula-Nachkomme Ottomar Rodolphe Vlad Dracula Prinz Kretzulesco (vormals Ottomar Berbig), ein ehemaliger Berliner Antiquitätenhändler, kaufte es gleich nach der Wende von dessen Erben. Er zelebriert Ritterfestspiele, Walpurgisfeiern und „Blutspendepartys" mit dem Roten Kreuz; außerdem führt er durch Schloss und die Kutschenausstellung nebenan. Für Kinder gibt es einen kleinen Streichelzoo im 16 Hektar großen Park.

In **Mittenwalde** endet der Uferweg auf der Yorckstraße, die zugleich die Hauptstraße ist. Eine Runde durchs Städtchen lohnt sich: Nach rechts über die Brücke und auf der **Yorckstraße bis zu Pulverturm und Stadttor**. Davor links und in großem Bogen durch die **Paul-Gerhardt-Straße** zurück zur Yorckstraße.

Info

Kirche und Marktplatz von **Mittenwalde** gehen noch auf der Gründungszeit der Stadt im 13. Jahrhundert zurück. Von der Stadtbefestigung aus dem 14. Jahrhundert ist nur noch das nördliche Tor mit dem Pulverturm erhalten. Im 17. Jahrhundert komponierte hier der Probst Paul Gerhardt zahlreiche seiner weltweit verbreiteten evangelischen Kirchenlieder. Eine Straße im Ort ist nach ihm benannt.

Der Weg führt südwärts aus der Stadt zur Hauptstraße. Dort biegen wir links ab. Später heißt sie **Bahnhofstraße**. Wir verlassen Sie, indem wir nach rechts in die Straße **Am Ostbahnhof** fahren und auf der anderen Seite des toten Gleises links abbiegen. Die Straße heißt noch immer Am Ostbahnhof; der angewitterte Namensgeber ist bald links zu sehen. Das Sträßchen wird zum **Feldweg** und verläuft ein Stück **parallel zu Gleis und Hauptstraße**. Später überqueren wir ein Gleis. Der nun sandige Weg kreuzt einen anderen Sandweg und

Schaurig schön: Draculas Schloss in Schenkendorf.

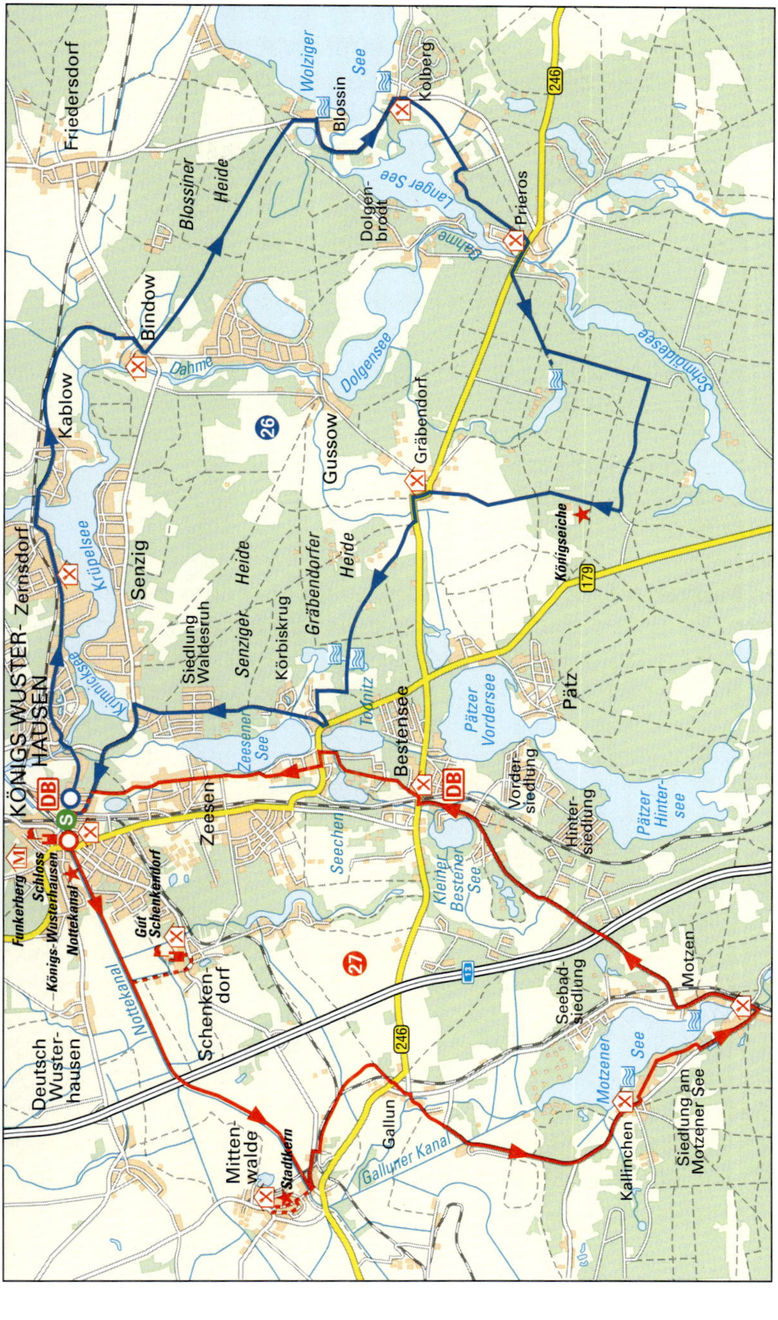

KÖNIGS WUSTER-HAUSEN
Zernsdorf
Friedersdorf
Kablow
Bindow
Blossiner Heide
Wolziger See
Blossin
Kolberg
Langer See
Dolgenbrodt
Prieros
Dahme
246
Schmöldesee
Dolgensee
Gussow
Gräbendorf
Krüpelsee
Krimnicksee
Senzig
Siedlung Waldesruh
Senziger Heide
Körbiskrug
Gräbendorfer Heide
Königseiche
179
Zeesener See
Zeesen
Bestensee
Todnitz
Pätzer Vordersee
Pätz
Vordersiedlung
Hintersiedlung
Pätzer Hintersee
Seechen
Kleiner Bestener See
Funkerberg
Schloss
Königs-Wusterhausen
Nottekanal
Gut Schenkendorf
Schenkendorf
Deutsch Wusterhausen
Mittenwalde
Stadtkern
Gallun
Galluner Kanal
Seebadsiedlung
Motzen
Motzener See
Kallinchen
Siedlung am Motzener See
13
26
27
DB
S
M

ist dann von Eichen gesäumt. Rechts in der Ferne ist die Bundesstraße als Allee zu sehen. An der **zweiten Wegkreuzung** fahren wir nach rechts auf den **Asphaltweg**, der nach **Gallun** führt.

An den ersten Häusern kreuzen wir wieder ein altes Bahngleis. Die **Bundesstraße überqueren** wir und fahren geradeaus auf dem **Krummenseer Weg** weiter. An seinem Ende folgen wir knapp 100 Meter der Hauptstraße und biegen **hinter der Feuerwache rechts** in die neu gepflasterte Straße ab. Später wird sie zur Allee und ist erst nach Schöneiche, dann nach Kallinchen ausgeschildert.

In **Kallinchen** geht es gut hundert Meter hinter der Gaststätte „Alter Krug" erst **nach links** (wahlweise bis zur Badestelle am Motzener See vorfahren) und gleich darauf nach rechts in die **Seestraße Richtung Campingplatz**. Der Seestraße folgen wir geradeaus bis zum Sackgassenschild. Dort geht es nach rechts zurück **zur Motzener Straße** und auf diese nach links.

In **Motzen** biegen wir an der Hauptstraße links ab und fahren durch den Ort. Links schimmert der See, auch eine Badestelle liegt fast am Weg. Kurz hinter der Kirche folgen wir der Ausschilderung Richtung Bestensee nach rechts. Am Golfplatz vorbei geht es nach **Bestensee**, wo wir immer geradeaus fahren, bis die Straße an der **Bundesstraße 246** endet. Dort rechts und über die Bahngleise. Wer nicht mehr weiterfahren mag: Der Regionalbahnhof ist gleich rechts.

Hinter dem Bahnübergang geht es nach links in die **Zeesener Straße**, die nur auf den ersten Metern als Einbahnstraße ausgewiesen ist. Wir fahren sie bis zu ihrem Ende und dann geradeaus in den Wald. Links sind ein paar Bungalows; Bestensee geht fast nahtlos in **Zeesen** über. Der Weg endet an der Bundesstraße 179, die hier **Spreewaldstraße** heißt. Wir fahren sie nach links und biegen etwa 300 Meter weiter nach rechts in die **Goethestraße** ab. Die Straßennamen wechseln, aber die Richtung bleibt: geradeaus weiter durch die **Seestraße**, die **Dorfaue**, die **Fasanenstraße**. Nach einem Stück über Grünland endet der Weg an der (hier namenlosen) Storkower Straße, am **Ortseingang Königs Wusterhausen**. Wenn wir links abgebogen sind, sehen wir vor uns schon die Bahntrasse. Davor geht es nach rechts, ein Stück parallel und hinter dem Bahnhof durch die Unterführung zurück zum S-Bahnsteig oder zur Regionalbahn.

Südtirol
ISBN 3-89987-404-8

Weitere lieferbare Rad-wander-Bücher

Chiemgau
und Rupertiwinkel
ISBN 3-89987-201-0

Schwäbische Alb
ISBN 3-89987-405-6

Ostsee
ISBN 3-89987-400-5

Bodensee
ISBN 3-89987-402-1

VBB-Übersichtskarte

andenburg
Fahrscheine bitte vor Fahrtantritt entwerten.
Tickets must be validated before use.
Legende
S+U-Bahn-Linie mit Umsteigemöglichkeit
Züge in Pfeilrichtung halten nicht S-Bhf Ostkreuz
Behindertengerechter Zugang
Behindertenfreundlicher Zugang
Straßenbahn-Anbindung
Bus-Anbindung zum Flughafen
Bahn-Regionalverkehr
Fernbahnhof
ZOB Zentraler Omnibusbahnhof (ZOB)
Parkplatz für S-Bahn-Kunden
BVG-Fundbüro
S+U-Bahn-Nachtverkehr nur Fr/Sa, Sa/So und vor Feiertagen ca. 0.30-4.30 Uhr
Bezeichnung der Bahnhöfe unter Fortlassung der Tarifbezeichnung Berlin bzw. Potsdam
Service
Berliner Verkehrsbetriebe (BVG)
10773 Berlin
www.bvg.de • info@bvg.de
imode.bvg.de • wap.bvg.de
BVG Call Center: (030) 19 44 9
Tag und Nacht. Rund um die Uhr. Auch am Wochenende.
BVG-Fundbüro
am U-Bhf Kleistpark/U-Bhf Bülowstr.
Potsdamer Str. 182 (nahe Pallasstraße)
10783 Berlin (Schöneberg)
(030) 19 44 9
S-Bahn Berlin
S-Bahn Berlin GmbH
www.s-bahn-berlin.de
kundenbetreuung@s-bahn-berlin.de
DB-FundService Hotline 01805/99 05 99
S-Bahn-Kundenbüro
am S-Bhf Nordbahnhof
Invalidenstr. 19
10115 Berlin (Mitte)
(030) 2974 33 33
Die Bahn DB
www.bahn.de
11 8 61
Berlin
BAR
MOL
LOS
LDS
Bernau
Karow
Buch
Pankow
Blankenburg
Wartenberg
Hohenschönhausen
Ahrensfelde
Springpfuhl
Alexanderplatz
Ostbahnhof
Warschauer Str.
Ostkreuz
Lichtenberg
Hönow
Strausberg Nord
Erkner
Schöneweide
Spindlersfeld
Grünau
Zeuthen
Königs Wusterhausen
Flughafen Berlin-Schönefeld SXF
Flughafen Berlin-Tempelhof THF
Rudow
Alt-Mariendorf
Hermannstr.
Neukölln
Die Haltestellen im Bereich der Gemeinde Schönefeld (Landkreis LDS, Wabe 5857) gehören sowohl zum Tarifbereich Berlin, Teilbereich B als auch zum Landkreis Dahme-Spreewald.
Stand: 31. Dezember 2003
© BVG Zentralbereich Angebot und Vertrieb
FAV-A5 Kundeninformation Kartografie
BVG Call Center: (030) 19 44 9
Tag und Nacht. Rund um die Uhr.
Auch am Wochenende.
S-Bahn-Kundentelefon: (030) 2974 33 33
U5 Hönow ↔ Alexanderplatz
U6 Alt-Tegel ↔ Alt-Mariendorf
U7 Rathaus Spandau ↔ Rudow
U7 Jakob-Kaiser-Platz ↔ Rudow
U8 Wittenau ↔ Hermannstraße
U9 Osloer Straße ↔ Rathaus Steglitz
Partner im VBB
BVG Berliner Verkehrsbetriebe
S Bahn Berlin

Ortsregister

Tourenübersicht

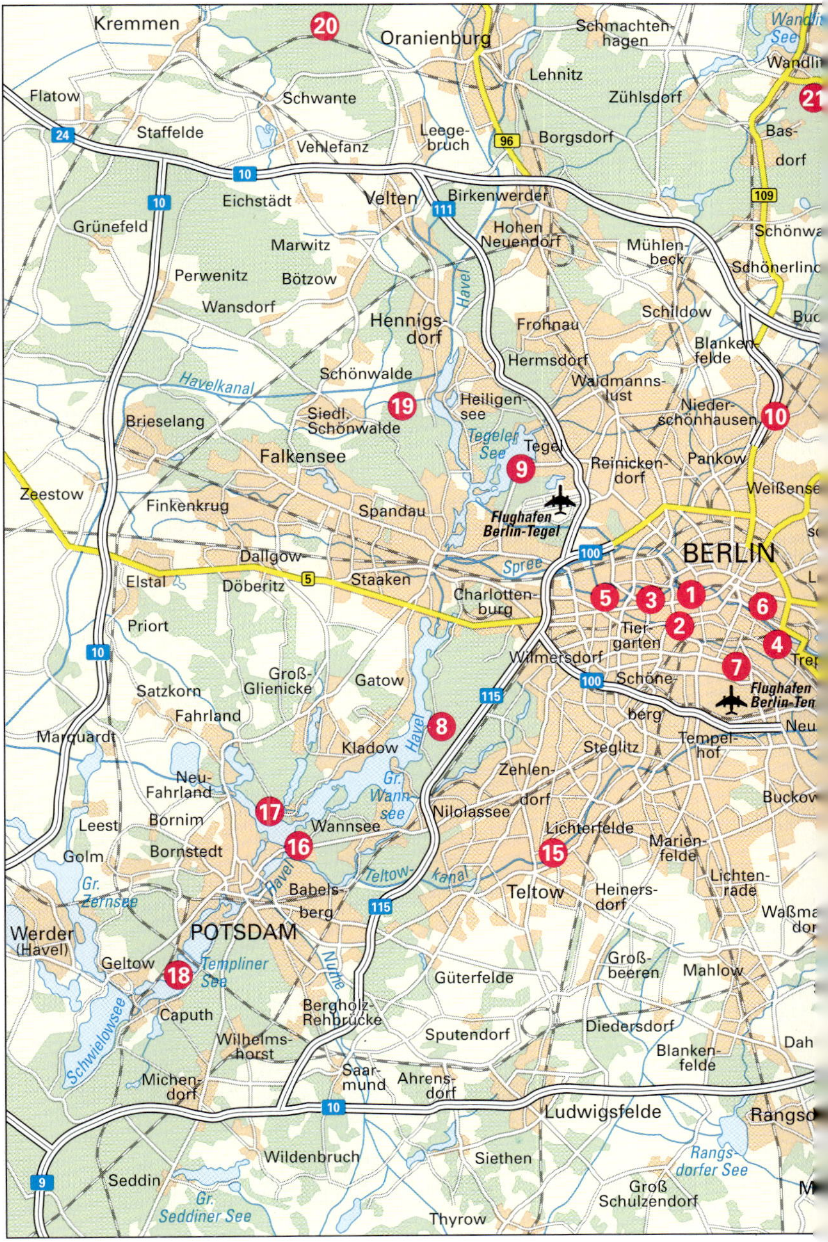

Stöppel Freizeitführer 401

Stefan Jacobs/Peter Schätzl

RADWANDERN

Berliner Radtouren

STÖPPEL
FreizeitMedien